KB105249

탄핵政變·구속政變

金平祐

조갑제닷컴

탄핵정변에 맞서 싸운 투쟁의 기록

2018년은 초대 대통령 이승만이 1948년 서울에서 공화국(대한민국)의 건립을 선포한 지 70년이 되는 해이다. 건국 당시 세계 최빈국이었던 대한민국은 오늘날 정치·경제·사회·문화의 모든 면에서 세계 200여 개 국가 중 20여 위의 선진국으로 성장, 발전하였다. 반면에 북한의 인민사회주의 공화국은 나이 34세의 김일성이 1946년 평양에서 인민소비에트 국가로 출발한 이래 독재체제를 강화하여 세계 최악의 빈곤 3대 세습의 독재 왕조로 전락하였다. 2018년 현재 대한민국은 인구에서 2배, 경제력에서 50배 북한을 앞서고 있다. 상식적으로는 북한이 실패하고, 남한은 성공한 국가이다. 따라서 조만간에 남한이 북한을 흡수 통합할 것으로 누구나 예상하였다.

그러나 현실은 정반대이다. 북한은 지난 30년간 모든 국가 자원을 군사력 증강, 특히 핵무기 개발에 투입한 결과 세계에서 다섯 번째로 핵무기와 대륙간탄도미사일을 개발하여 서울, 도쿄, 워싱턴을 불바다로 만들 수 있는 공격력을 가진 핵강국으로 점프하였다. 그런데 남한은 이에 대항하여 핵무장하거나 한미동맹을 강화할 생각은커녕 오히려 북한의 핵무장을 동족(同族)의 핵무장이므로 괜찮다고 방심(放心)하는 자만(自慢)과 착각에 빠졌다. 그리고 2017. 5. 9. 보궐선거에서 노골적인 친중, 친북의 급진좌파 정책을 내세운 문재인(文在寅)을 대통령으로 뽑는 여유까지 부렸다.

문재인은 2018. 2. 평창올림픽에서 남한의 태극기를 내리고 북한의 인공기(人共旗)를 게양하여 국민들을 경악시켰다. 김정은의 동생 김여정을 초청하여 국빈으로 칙사 대접을 하며 김여정을 통하여 평양에서 남북 정상간 평화 협상을 추진하고 있다. 북한의 핵무장을 용인하고, 미군을 남한에서 철수시킨 다음 북한과 연방정부를 세워 남북간 민족통일을 이룩한다는 민족통일 플랜으로 보인다. 공산화든 민주화든 민족통일만 이룩하면 된다는 '민족통일지상론'이다. 인구와 경제력이 월등히 앞선 선진 민주국가 남한이 세계 최빈의 세습독재 국가 북한에 마치 살찐 암소가 굶주린 사자에게 목을 물려 질질 끌려가는 꼴이다.

이런 비극적·역설적 상황이 실현된 것은 물론 여러 가지 요인들이 오랫동안 집적된 결과이다. 그러나 직접적으로는 2016. 11. 부터 한국에서 시작된 촛불혁명의 결과이다. 이 촛불혁명 과정에서 한국의 언론·국회·검찰·법원 등 지도층들은 적법절차를 무시하고 졸속으로 박근혜 대통령을 탄핵소추하고, 죄도 없는 박근혜 대통령을 파면하였다. 그리고 박근혜 대통령 등 많은 애국 시민들을 구속사유도 없이 구속하고 재판하여 공포사회를 만들었다. 이런 틈을 타서 평소에 치밀하게 혁명준비를 해온 급진 좌파의 문재인이 겨우 41%의 지지율로 대통령 자리를 차지하였다.

이러한 국가 위기를 보고, 정의와 진실 그리고 자유와 안보를 지키려는 필자 등 다수의 시민들이 태극기를 들고 분연히 일어났다. 이들은 문재인 정부가 '평화'와 '민족통일' 이라는 달콤한 말로 국민을 속여 한국의 주권(主權)을 북한의 김정은에게 통일의 제물로 바치는 반역 행위에 반대하여 끝까지 싸울 것을 다짐하고 있다.

이 책은 필자가 2017. 1. 26. 출판한 《탄핵을 탄핵한다》와 2017 3. 31.에 출판한 《한국의 법치주의는 죽었다》에 이어 세 번째로 탄핵정변에 대하여 쓴 법률·시사 평론서이다. 앞의 두 책은 박근혜 대통령의 탄핵소추와 탄핵재판이 중심이었다. 반면에, 이 책은 박근혜 대통령의 파면 이후에 문재인이 한국의 대통령이 되어 박근혜 대통령 등 보수 우파들에 가한 인권 탄압과 정치보복 및 한미동맹 파괴 등 각종 문제점들을 분석하고 비평하였다. 탄핵정변을 전체적으로 이해하는 데 이 책이 도움이 되기를 바란다.

2018. 2. 20.

김평우

차 례

1

미주 구국투어를 마치고

박근혜 대통령 탄핵에서 우리가 배운 것은 무엇인가?

탄핵정변(政變)은 진행 중이다

진정한 적폐청산(積弊淸算)은 무고한 구속자의 석방이다!

전직 대통령은 구속하고 정유라는 영장 기각, 그것도 같은 판사가!

'막말 변론'의 변론

미주(美洲)
구국(救國)투어를 마치고

토론토에서는 한 분이 미국 오하이오에서 10시간 넘어 드라이브하여 저의 강연을 듣고 저와 악수한 후 늦은 밤에 드라이브하여 집으로 돌아가, 저의 눈물을 흘리게 하였습니다.

여러분 안녕하십니까? 저 김평우 변호사입니다. 지난 4월 6일 로스앤젤레스에서 미주 구국투어의 첫발을 떼어 23일간 뉴욕, 토론토, 워싱턴 D.C., 밴쿠버, 시애틀, 샌프란시스코, 애틀란타, 휴스턴, 시카고 이렇게 총 10개 도시에서 강연회를 가졌습니다. 대부분의 도시에서 2회 내지 3회의 강연회와 간담회를 가졌고 한 번 이상의 기자 인터뷰를 가졌습니다. 그중에는 폭스뉴스 기자도 포함되어 있습니다. 이번 투어에서 저는 자발적으로 참여한 수천 명의 참여자들을 만났습니다. 많은 분이 저의 강연을 듣고자 여러 시간 드라이브를 하여 달려왔으며, 함께 사진 찍고 북 사인회를 가졌습니다. 모두가 자발적으로 참여하였고, 진지하게 저의 강연에 귀를 기울였습니다.

거의 모든 분들이 저와 처음 만난 분들이었지만 조금도 낯설지 않았습니다. 모두들 동영상을 통해 저의 강연과 헌법재판소 변론을 여러 차례 듣고 본 분들이어서 저의 얼굴과 목소리를 금방 알아보고 들었습니다. 마치 오래 만나 잘 알고 지낸 고향 친구나 동창을 만난 듯이 반가워하고 기꺼이 껴안고 손을 잡았습니다.

그러기에 저는 지난 23일의 구국투어가 비록 육체적으로는 극히 힘든 강행군이었지만 정신적으로는 오랜 친구와의 즐거운 재회처럼 행복했습니다.

이번 투어에서는 너무나 감동적인 일들이 많았습니다. 토론토에서는 한 분이 미국 오하이오에서 10시간 넘어 드라이브하여 저의 강연을 듣고 저와 악수한 후 늦은 밤에 드라이브하여 집으로 돌아가, 저의 눈물을 흘리게 하였습니다.

또 샌프란시스코에서는 존경스러운 분이 저를 형님으로 모시고 싶다고 첫 만남에서 자청하며 사흘간 투어를 같이하여 헤어질 때 형제가 되기로 하였습니다. 애틀란타에선 목사님이 관저에 초대하여 정찬(正餐)을 차려주시고 젊은 청년들을 수십 명 초청하여 흥분한 제가 자정이 될 때까지 강연을 하는 기록을 만들었습니다.

휴스턴에서는 병원 원장님이 피로회복을 위한 영양주사를 이틀간이나 놓아주시고 집에서 한식까지 차려주셨습니다. 훌륭한 애국자들이 너무나 많았습니다. 다들 저의 강연에 동감(同感)하여 구국운동에 동참하겠다고 기꺼이 나서 어떻게 도우면 되느냐고 물어주셨습니다.

이런 분들이 있는 한 대한민국이 결코 패망하지 않으리란 걸 저는 확신하게 되었습니다.

이것이 제가 이번 투어에서 얻은 최대의 수확입니다.

사실 이번 투어에는 한국 정부의 불법적인 강연 방해가 심하였습니다. 중앙선관위가 저의 탄핵반대 강연을 선거법 위반으로 단정하여 영사관을 통해 노골적으로 집회 방해를 한 것입니다. 그 바람에 한인회, 노인회, 재향군인회, 평통 등 많은 보수단체장들이 집회 주최를 거절하거나 심지어는 취소하였습니다. 그리고 신문이나 방송매체를 통한 적극적인 광고도 어려웠습니다. 이번 투어의 참여자들은 모두 인터넷 네트워크를 통하여 강연 소식을 듣고 자발적으로 참여한, 그야말로 일당백(一當百)의 정예 애국보수입니다. 이들이 새로운 한국의 주인이 될 것을 확신합니다.

끝으로, 저는 이번 투어에서 한 가지 크게 깨달은 것이 있습니다. 이번 투어에 동참한 애국 동지들의 거의 대부분이 이번 선거에서 우리가 선거를 포기하지 말고 함께 뭉쳐서 보수 단일화를 이룩하여 선거를 이겨야 한다는 뜨거운 열정과 바람을 갖고 있다는 사실입니다.

저는 며칠간 고심한 끝에 홍준표 후보가 저들의 열망에 부합하는 우리 보수의 최종 희망이라는 결론에 이르렀습니다.

그래서 저는 내일 한국에 들어가 홍준표 후보의 당선을 돕는 유세 등에 적극 참여하기로 결심하였습니다.

여러분, 우리는 승리할 것입니다. 홍준표 후보가 대통령이 되어 박근혜 대통령을 감옥에서 구출하여 공정한 재판을 통해 무죄를 받아내도록 저도 최선을 다하겠습니다. 그리고 홍준표 대통령이 대한민국을 다시 일으켜 트럼프 대통령과 손잡고 북한 주민들을 김정은 공산독재에서 해방시켜 대한민국 국민으로 다시 통일시킬 수 있도록 저와 함께 적극 도웁시다. 감사합니다.

　　　　　　　　　　　　　　　　　　　　　　　　　　－ 2017. 4. 30.

박근혜 대통령 탄핵에서 우리가 배운 것은 무엇인가?

> 대한민국을 진정한 자유·민주·법치의 선진국가로 제2의 건국을 하려면 먼저 시대에 뒤떨어진 양반정치, 당파정치의 악습을 철저히 몰아내야 한다.

지난 2016년 10월 손석희라는 진보좌파 성향의 한 잘생긴 인기 앵커맨이 소위 최순실의 태블릿 PC를 조작하여 박근혜 대통령의 절친 최순실이 국가 행정의 위계질서와 법질서를 무시하고 멋대로 딸을 명문대에 입학시키고 대통령의 인사, 정책 결정을 좌지우지하여 마치 조선시대 세도정치(勢道政治)처럼, 국정(國政)을 농단(壟斷)하였다는 다분히 과장되고 편향된 감정적 허위보도를 마치 공정한 객관적 사실보도인 것처럼 내보냈다.

이는 마치 2008년에 MBC가 했던 광우병 허위보도와 2014년에 세월호 재난사건 때 이 나라 언론이 보여준 감정 일변도의 인민재판식 보도의 또다른 언론 재판이었다.

정상적인 국가라면 이러한 당파적·공격적인 언론보도에 대하여는, 더욱이 그것이 나라의 원수인 대통령에 대한 보도라면 국민에게 진실을 알려야 한다는 언론의 사명에 따라 다른 언론은 사실 즉 진실검증을 위하여 반대당(黨) 즉 박근혜 대통령측의 반론을 동일한 시간과 공간으로 제공해주어 국민들로 하여금 어느 쪽이 진실이고 어느 쪽이 허위보도를 하는 것인지 가려서 판단할 기회를 준다. 그래야만 언론기관이 언론의 자유 수호자로 헌법상 보호를 받을 자격이 있다.

그런데, 대한민국의 언론은 2002년 미선이 보도, 2008년에 저지른 MBC 허위보도, 2014년 세월호 재난보도 때 보여준 원초적인 감정보도에 이어서 이번에도 객관적인 사실보도 즉 진실보도의 책무를 완전히 저버리고 마녀사냥에 빠져들어 대한민국의 모든 공무원과 공직자를 마치 최순실이라는 한 여인이 가지고 논 것처럼 과장보도하여 마침내 모든 국민이 최순실이라는 여인을 대통령 뒤에서 대통령 권한을 행사한 마치 측천무후나 서태후 같은 권력자로 착각하게 만들었다. 물론 이것은 전혀 사실이 아니다. 대한민국의 행정·입법·사법 등 국가권력은 박 대통령과 장관·국회·사법(司法)기관이 행사했지 최순실이 행사한 것이 없다. 광우병 보도와 마찬가지로 고의적인 허위·과장·조작의 보도이다. 즉 범죄 행위이다.

그러나 이 나라는 언론이 법 위에 있어 어느 검사나 경찰, 국민도 언론인들의 허위보도 범죄를 고발하거나 조사·처벌할 수 없다. 허위보도 언론을 같은 언론이 고발·탄핵하지 않는 한 견제 수단이 없다.

지금까지 미선이, 광우병 때는 그래도 조·중·동(朝·中·東) 같은 보수 언론이 숨을 쉬고 있어 진보(進步) 좌파의 허위, 과장보도에 대항하는 진실의 목소리를 어느 정도 실어주었다. 그런데, 무슨 영문인지 박근혜 대통령 정부가 들어선 이후 조·중·동이 진보 좌파의 대열에 합세하는 숨은 변화가 일어났다.

설상가상으로, 2016년 4월 총선에서 야당이 국회의 의석 과반수를 차지하여 의회의 권력을 장악하였다. 게다가 여당 내에서 박 대통령의 친위파가 소수로 몰리고 반대파가 오히려 다수를 차지하여 박 대통령의 친위 정치적 세력이 의회 내에서 4분의 1로 전락하였다.

따라서 통상 5년 단임제 대통령제하에서 임기 4년차 후반기에 오는 단임제 대통령의 레임덕이 1년이나 앞당겨 2016년 4~5월에 벌써 닥쳐왔다. 이렇게 되자 법치보다는 정치에 민감한 이 나라의 머리 빠른 언론인들과 고위직 검사 및 법관들이 기회만 오면 이미 석양의 지는 해가 된 박 대통령을 무시하고 2017년 12월 차기 대선에서 대통령으로 당선될 가능성이 높다고 보이는 진보좌파 또는 보수우파 중 반(反) 박근혜파의 정치인들에게 줄을 서서 자신의 언론권력, 검찰권력, 사법권력을 편파적으로 행사할 기회를 노리고 있었던 것이다.

이렇게 볼 때 이번 탄핵정국에서 대한민국의 모든 언론, 국회, 검찰, 사법이 한 목소리가 되어 사실상 큰 이득을 본 것도 없고 국정을 농단한 것도 없는 불쌍한 여인 최순실을 마치 김영삼 대통령 때 그야말로 총리와 장관을 제멋대로 오라가라 하며 수십억의 뇌물을 먹은 대통령의 아들 김현철, 김대중 대통령 때의 아들 삼형제, 이명박 대통령 때의 이상 득 형님보다 오히려 더 큰 무소불위(無所不爲)의 권력을 행세한 세도가로 그림을 그려 거짓 보도하고, 구속영장을 청구하고, 발부받아 감옥소에 가두고, 범죄인으로 기소를 하며, 더 나아가 이를 이용하여 죄도 없는 현직 국가원수를 최순실의 공범으로 몰아 죄명도 불명(不明)하게 탄핵소추를 하여 청와대에 유폐시키고, 판사들 역시 헌법과 법률에 위배하여 8명이 전원일치로 파면을 결정하여 대통령직에서 쫓아내고, 그것도 모자라 돈 한 푼 안 먹은 깨끗한 대통령을 수백억 원의 뇌물을 받은 파렴치한으로 몰아 구속하는 어이없는 불법이 일어났다.

언론·국회·검찰·사법이 일반국민, 서민에게는 법치를 내세워 처벌하고, 세금을 거두고, 군대에 보내면서, 자신들이 권력을 잡기 위해 벌이는 정치놀이에 있어서 상대방 정적(政敵)에 대하여는 전혀 법을 적용하지 않고 자기들 멋대로 법을 악용하면서도 그것을 잘못이라고 전혀 인식하지 못하는 것, 이것이 바로 이번 탄핵정변의 실체이다.

나는 이 잘못된 정치문화의 원인을 두 가지로 본다. 하나는 조선시대의 양반정치, 당파정치의 잔재이다. 다른 하나는 공산혁명을 위해서는 부르주아 민주사회의 자유·민주·법치제도를 마음껏 악용, 농락해야 한다는 레닌식 혁명전술이다.

이번 탄핵정변에서 진보 좌파의 촛불세력들은 후자 즉 레닌의 혁명전술로서 이 나라의 법치주의를 악용하여 박근혜 대통령을 탄핵하였고, 보수라고 자처하면서 탄핵정변을 주도, 참여한 세력들은 조선시대의 양반정치, 당파정치의 잔재를 청산하지 못한 나머지 박근혜 대통령을 탄핵한 것이라고 본다.

이렇게 볼 때, 박근혜 탄핵을 통탄해하고 슬퍼하는 이 나라의 태극기, 애국시민들이 해야 할 일은 자명하다.

대한민국을 진정한 자유·민주·법치의 선진국가로 제2의 건국을 하려면 먼저 시대에 뒤떨어진 양반정치, 당파정치의 악습을 철저히 몰아내야 한다. 특히 이 사회에서 어떠한 특권도 다 없애야 한다. 언론의 특권을 없애 허위보도하는 언론사와 기자는 수억 원의 징벌배상금을 피해자에게 배상하는 특별법을 제정해야 한다. 언론의 보도를 법정에 증거로 제출하지 못하도록 법을 제정해야 한다.

다음, 법치주의를 공산혁명 전술로 악용하는 정치문화를 없애기 위해서는 서민이나 빈곤층, 민주, 평화운동가 등의 이념적 계급을 이유로 국민의 세금이나 직업·취업 등에서 특권·특혜를 주는 모든 이념특혜 입법을 폐지하고 그런 이념특혜 입법을 제정·찬성한 의원에게는 징벌배상금을 물리는 제도를 만들어야 한다.

우리가 이번 박근혜 대통령 탄핵정변에서 드러난 망국적인 이념의 대립, 당파의 대립으로부터 벗어나 선진 민주법치 국가가 되려면 다른 길이 없다. 한국 국민이 모두 법치주의의 중요성을 깨닫도록 법치와 애국의 정신교육을 강화하고, 새로운 법치 애국의 정당과 정치인을 적극 후원·육성하는 것이다.

그런 의미에서 난 미주 중심으로 구국재단(Save Korea Foundation)

을 만들고, 새로운 언론 네트워크(Save Korea News Network)와 구국

동지회(Save Korea Band)를 결성하고자 한다. 애국동포 여러분의 적

극 참여와 성원을 호소한다.

미주(美洲) 구국투어를 마치고 한국으로 가는 날에

− 2017. 5. 1.

탄핵정변(政變)은
진행 중이다!

문재인 씨의 대통령 취임은 실질상 민중혁명으로 적법한 民選 대통령의 자리를 빼앗은 것으로, 결코 그 원죄에서 벗어나지 못할 것이다. 혁명으로 흥한 자 혁명으로 망한다.

지난 5월23일, 박근혜 대통령이 참으로 이상한 옷과 머리 손질을 한 채 퉁퉁 부은 병색의 얼굴로 재판정에 끌려와 법관 앞에 선 모습을 뉴스에서 보고 하루 종일 말 한 마디 못했다. 눈물은 이미 말라 더 나오지 않고 이제는 너무 기가 차 말도 글도 안 나온다.

어느 원로 분이 전화해서 어떻게 이런 일이 우리나라에서 생기느냐고 한참 한탄하시더니 끝내 흐느끼며 이제 죽을 때가 온 것 같다고 말씀하신다. 아무 罪도 없는 사람을 대통령직에서 끌어내고, 그것도 모자라 대통령직에서 나온 지 3주 만에 집에서 편히 쉴 틈도 주지 않고, 아무런 구속 사유도 없이, 오로지 '구속의 평등'이라는 참으로 해괴한 평등이론을 가지고 구속했다.

진짜 구속 이유는 곧 밝혀졌다. 朴 대통령이 구속된 틈을 타, 23일 만에 후다닥 선거를 치러 소위 인권(人權) 변호사이자 탄핵정변의 지도 자인 문재인이 41% 득표로 대통령이 될 것이라고 선거 직후 1분도 안 되어 언론이 출구조사 형식으로 발표하고, 하루도 안 되어 선관위가 같은 숫자의 득표율로 문재인 후보의 당선을 추인(追認)했다.

그런데 무슨 일인지 대통령 당선자의 혼자 취임만 있고 취임식이나 축하 파티가 없다. 외국의 축하사절은 하나 없다. 대한민국 역사에 이렇게 국민과 외국으로부터 축하받지 못한 대통령 당선자가 어디 있었나?

축하파티 대신에 나온 게 바로 박 대통령 재판이다. 박 대통령은 죄인 (罪人)이니 문재인 씨가 그를 쫓아내고 대통령 된 것은 정당하다? 이런 논리인 것 같다. 민주주의의 선거 논리가 아니라 민중혁명의 논리이다. 하긴 이번 탄핵정변은 저들 말대로 민중혁명이다. 문재인 씨는 민중혁명 의 성공에 힘입어 대통령의 자리를 쟁취한 것이다.

문재인 씨가 노무현, 박근혜와 다른 점이 바로 이 점이다. 노무현, 박 근혜는 어쨌든 적법한 선거로 뽑힌 민선(民選) 대통령들이다. 그래서 국 민과 외국의 축복을 받으며 대통령에 취임했다. 그러나 이번 大選은 박 대통령을 거짓과 불법으로 탄핵하여 청와대에 유폐시키고, 탄핵 후엔 감옥에 가두어 놓고 치러졌다. 한국 역사에 유례가 없는 보궐선거였다. 그것도, 사실상 민중혁명이라고 불릴 정변(政變)의 한 가운데서 말이다.

민중혁명이든, 쿠데타든 소위 정변을 일으켜 대통령으로 취임했을 때, 생기는 가장 큰 문제가 바로 정당성 확보다. 우리나라처럼 나라가 작고, 외지고, 지도층이 어리석고, 비겁한 나라에서는 언론과 사법만 잡으면 국내의 정당성 확보는 문제가 안 된다. 권력 앞에는 다들 알아서 먼저 기는 게 본능화된 지도층이고 민중들이기 때문이다.

정작 문제는 국제사회, 즉 외교상의 예우 문제이다. 문재인 씨가 대한민국의 정통 대통령이 되려면 북한이 아니라 미국, 일본, 유럽 등 주요 외국으로부터 대한민국의 정당한 대통령 당선자로서의 예우를 받아내야 한다. 그래야 안보와 통상이 안정되어 나라가 존속한다. 홍석현을 특사로 보내 미국으로부터 뭘 얻어낼지는 모르겠지만, 그로 인해 대한민국이 치러야 할 대가(代價)는 무엇일까?

설사 외교적으로 딜(deal)을 해서 미국 등으로부터 마지못한 축하를 받아낼지 모르지만, 朴 대통령의 탄핵과 구속, 그리고 보궐선거가 적법 절차를 완전히 무시한 거짓과 부정의 절차임이 자명한 이상, 문재인 씨의 대통령 취임은 실질상 민중혁명으로 적법한 民選 대통령의 자리를 빼앗은 것이다. 결코 그 원죄에서 벗어나지 못할 것이다. 다 자업자득이다. 혁명으로 흥한 자 혁명으로 망한다. 2016년 11월부터 시작된 촛불세력들의 대한민국 탄핵정변은 아직 끝나지 않았다.

– 2017. 5. 24.

진정한 적폐청산(積弊淸算)은 무고한 구속자의 석방이다!

박근혜, 이재용 등 25명의 선량한 시민들을 즉각 석방하라!

많은 사람들은 최순실과 박근혜 대통령이 탄핵되고, 구속되고, 재판받고 있는 사실을 알고 있다. 지난 6개월간의 탄핵정변 과정에서 구속된 사람은 오늘 현재 총 31명이다. 구속자 31명 중 이름이 알려진 25명의 명단은 아래와 같다.

	이름	전직	죄명	구속일자
1	최순실	무직	직권남용 등	2016. 11. 3.(탄핵소추 이전)
2	안종범	청와대 정책조정수석	직권남용 등	2016. 11. 6.
3	정호성	청와대 부속비서관	공무상비밀누설 등	2016. 11. 6.
4	송성각	한국콘텐츠 진흥원장	뇌물 등	2016. 11. 10.
5	차은택	창조경제 추진단장	직권남용 등	2016. 11. 11.
6	장시호	한국동계스포츠 영재센터 사무총장	직권남용 등	2016. 11. 21.
7	김종	문화체육관광부 2차관	직권남용 등	2016. 11. 21.

8	문형표	국민연금공단 이사장	직권남용 등	2016. 12. 31.(탄핵재판중)
9	류철균	이화여대 교수	업무방해 등	2017. 1. 3.
10	남궁곤	이화여대 입학처장	업무방해 등	2017. 1. 10.
11	김종덕	문화체육관광부 장관	직권남용 등	2017. 1. 12.
12	정관주	문화체육관광부 1차관	직권남용 등	2017. 1. 12.
13	신동철	청와대 정무비서관	직권남용 등	2017. 1. 12.
14	김경숙	이화여대 학장	업무방해 등	2017. 1. 18.
15	김기춘	청와대 비서실장	직권남용 등	2017. 1. 21.
16	조윤선	문화체육관광부 장관	직권남용 등	2017. 1. 21.
17	이인성	이화여대 교수	업무방해	2017. 1. 21.
18	박채윤	메디컬 대표	뇌물공여	2017. 2. 4.
19	최경희	이화여대 총장	업무방해 등	2017. 2. 15.
20	이재용	삼성전자 부회장	뇌물공여 등	2017. 2. 17
21	박성현	뉴데일리 주필	특수공무집행방해치상	2017. 3. 15.(탄핵재판 후)
22	박근혜	대통령	뇌물수수 등	2017. 3. 31.(대선 중)
23	정기양	박 대통령 자문의	국회증언감정법 위반	2017. 5. 18.(문재인 당선 후)
24	정광용	새누리당 사무총장	집시법 위반	2017. 5. 24.
25	손상대	뉴스타운 대표	집시법 위반	2017. 5. 24.

1. 이상의 자료를 보면, 공무원이 12명, 교육자가 4명, 사업가가 3명, 기타가 6명이다. 공무원은 박근혜 대통령과 그의 비서 및 문화부 장차관들이다. 교육자는 이대의 총장, 학장, 교수들이다. 사업가는 이재용만 재벌이고 나머지는 중소기업 사장들이다.

2. 전과(前科)가 있는 사람은 내가 알기로는 없다. 대통령, 장관, 재벌 총수, 사업가, 교수, 의사 등 대한민국에서 가장 존경받던 사람들이 대다수이다. 도주나 증거인멸의 우려가 전혀 없는 사람들이다. 그런데 대한민국의 판·검사들은 우선 구속부터 하고 천천히 조사·재판을 하고 있는 실정이다.

3. 최순실, 안종범 같은 사람은 구속된 지 6개월이 넘었고, 김기춘, 조윤선 씨도 5개월이 넘었다. 이재용 회장이 3개월 반이고, 朴 대통령도 2개월이다. 이렇게 장기간 구금되어 감방생활을 하는 그들의 정신적·육체적 고통이 어떠하리라는 것은 상상이나 말로 하기 어렵다. 구속된 梨大 총장·교수들은 이미 학교에서 파면을 당했다. 모두 유죄가 전제되어 있다. 재판에서 무죄가 절대 안 된다는 확신이 없으면 이런 장기간 구금은 상상을 할 수 없다.

4. 위 25명은 범죄의 객관적 증거가 없다. 그러한 행위로 처벌받은 전례(前例)가 없기 때문이다. 또한 범죄의 구성요소인 고의(故意)에 대해 아무런 사실 주장과 증거제시가 없다. 그러면 형사법상 범죄인이 아니다. 더욱이 피해자가 없다. 부정하게 이득한 것도 없다.

5. 박근혜 대통령은 2012년 평등, 보통, 비밀, 직접 선거에서 51.6%의 득표율로 문재인을 압도한 民選 대통령이다. 그녀는 지난 20년의 정치생활에서 단 한 번의 스캔들이 없고 법을 어긴 적이 없다. 대한민국 역사상 가장 깨끗하고, 정직하고, 선량한 정치인이다.

6. 다른 24명 역시 대한민국 법을 한 번도 어긴 적 없는 선량한 시민들이다. 모두들 대한민국 최고의 전문 지식인이거나 교양인이고 애국자들이다

7. 문재인 대통령은 2012년 대선에서 패한 뒤 지난 5년간 패배를 인정하지 않고 있다가, 2014년 세월호 사건을 반등의 기회로 삼았다. 그로부터 3년 후, 그는 박근혜 대통령이 쫓겨난 자리를 차지하고야 말았다. 선

거로 쟁취 못한 대통령직을 소위 촛불 민심에 힘입어 얻은 셈이다.

8. 그가 임명한 참모들 대부분은 소위 데모와 공산주의를 추종하다가 반평생을 보내고, 그 뒤 운동권 경력을 가지고 정치판에 입문했다. 구속된 25명의 선량한 시민들과는 완전히 바탕이 다른 사람들이다.

9. 평생 대한민국의 법을 어긴 적이 없는 선량한 시민들이 감옥에 갇히고, 평생 대한민국을 저주하고, 법을 어기고 욕하던 사람들이 청와대와 국회·언론·사법을 장악하여 선량한 시민·애국자들을 감옥소에 가두는 것이 오늘날 대한민국의 일그러진 정의(正義)이고 법치(法治)이다.

10. 객관적인 증거도 없고, 도주의 우려, 증거인멸의 우려도 없는 선량한 시민(good citizen)을 우선 구속부터 하고 조사, 재판하겠다는 사고 방식이야 말로 조선시대 양반들의 낡은 통치 방식이다. 북한 김정은 독재 정권의 상투적 수법이기도 하다. 이 낡고 야만적인 통치방식이야말로 우리가 마땅히 청산해야 될 적폐(積弊), 즉 오래 쌓인 쓰레기이다.

11. 선량한 시민이 무조건 구속부터 당하는 나라, 그것은 조선시대, 북한으로 끝나야 한다. 우리 대한민국까지 그런 나라로 만드는 게 민족주의인가? 아니다. 그것이 바로 헬조선(Hell Korea)이다.

박근혜, 이재용 등 25명의 선량한 시민들은 즉각 석방되어야 한다. 이 것이 진정한 적폐 청산이다. 미국·일본 등 선진국의 국제 언론, 인권 단체에 호소하자!

— 2017. 5. 28.

전직 대통령은 구속하고 정유라는 영장 기각, 그것도 같은 판사가!

처음에 나는 대한민국에 이렇게 人權에 투철한 판사가 있었나 하고 눈이 번쩍 뜨였다. 알고 보니 이 판사가 서울 삼성동에 주거가 있으며 평생 法을 어긴 적이 없는, 또 도주 및 증거인멸의 우려도 없는 박근혜 前 대통령에게 구속영장을 발부한 판사라는 걸 알고 어리둥절해졌다.

• 법원은 왜 정유라의 구속영장 청구를 기각하였나?

법원은, 최순실의 딸이자 이화여대 부정입학 사건으로 탄핵정변(政變)의 시발점이 된 정유라 씨에 대해 영장을 기각하였다. 그동안 탄핵 관련자는 무조건 구속영장을 발부한 우리 법원이 취한 행태와 너무 다르다. 그 이유는 뭘까?

최서원(최순실) 씨의 딸 정유라 씨에게 청구된 구속영장이 법원에 의해 기각되었다고 하니 많은 국민들은 법원이 왜 정 씨의 영장을 기각했을까 하고 오히려 의아해 한다. 원래 구속영장의 발부는 판사의 재량행위가 아니다. 형사소송법상의 법률 사무이다. 형사소송법 제201조와 70조에 의하면 피의자가 罪를 범하였다고 의심할 만한 상당한 이유가 있고,

1. 피의자가 일정한 주거가 없는 때

2. 피의자가 증거를 인멸할 염려가 있는 때

3. 피의자가 도망하거나 도망할 염려가 있는 때

피의자를 구속할 수 있다.

정유라 씨는 독일에서 덴마크로 도주했다고 하여 박영수 특검이 인터 폴에 체포를 의뢰했고, 安 모라는 여당 국회의원은 국회의원 직무는 팽 개치고 수사관을 자처, 덴마크까지 가서 정유라의 행방을 찾아내 몇 달 만에 국내로 송환시켜 온 것이다.

어렵게 잡아온 피의자이므로 검찰은 공항에서 바로 체포해 도주 및 증 거인멸의 우려가 있다 하여 법원에 영장을 청구한 것이다. 누가 보아도 검사의 영장청구는 예상되었다. 그런데 의외로 법원은 영장을 기각했다.

지금까지 서울 형사법원은 2016. 11. 최순실 구속으로 탄핵정변이 시 작된 이래 6개월간 박근혜, 이재용, 김기춘, 조윤선, 김종덕, 최경희, 류 철균, 이인성, 김경숙, 김종, 문형표, 남궁곤, 정관주, 신동철, 박채윤, 송성각, 차은택, 정호성, 장시호, 박성현, 정기양, 손상대 등 평생 아무 전과(前科)없이 법을 지키며 명예롭게 살아온 선량한 시민 30명 거의 대 부분을 도주 및 증거인멸의 우려가 있다 하여 구속했다. 객관적으로 아 무 구속사유가 없는데, 구속의 평등이라는 일종의 '북한식 구속 사유'를 적용, 이들에게 구속영장을 발부한 것이다.

법원은, 최순실의 딸이자 이화여대 부정입학 사건으로 탄핵정변(政 變)의 시발점이 된 정유라 씨에 대해 구속의 평등원칙을 적용치 않고,

영장발부를 하지 않았다. 그동안 우리 법원이 취한 행태와 너무 다르다. 무슨 영문인지 이해가 안 되는 것은 당연하다.

법적으로 보면 정 씨는 국내에 거소(居所)가 없다. 검찰이 공항에서 바로 체포했으니 국내에 居所가 있을 수 없다. 특검이 인터폴에 수사 의뢰했으니 도주자로 볼 수밖에 없다. 도피 중에 모친 최순실의 친지들과 연락을 했다면 증거인멸의 우려도 있다고 할 수 있다. 그러면 형사소송법 제70조의 상기(上記) 구속사유 1 내지 3이 모두 적용된다 하겠다. 그런데 정유라 씨에 대해서는 법관(法官)이 구속영장 청구를 기각하고, 구속사유가 명백히 없는 다른 이들은 모두 구속하였다. 사법 당국은 국민을 우롱하는 것인가?

처음에 나는 대한민국에 이렇게 人權에 투철한 판사가 있었나 하고 눈이 번쩍 뜨였다. 알고 보니 이 판사가 서울 삼성동에 주거가 있으며 평생 法을 어긴 적이 없는, 또 도주 및 증거인멸의 우려도 없는 박근혜 前 대통령에게 구속영장을 발부한 판사라는 걸 알고 어리둥절해졌다.

정 씨를 석방시켜 놓고 검찰과 언론, 정치권 즉 촛불 세력과 무슨 흉계를 꾸미려는 것은 아닐까? 아니면 나이 어린 정 씨에게 공작을 가하려는 것일까? 형사소송법에 정해진 구속사유, 즉 주거부정(不定), 도주 및 증거인멸의 우려를 무시하고 영장을 기각한 이유에 깊은 의심이 든다. 오래지 않아 진실은 드러날 것이다.

그런데 이 나라에는 이런 의혹에 대해 의문을 가지는 언론인, 법조인이 없다. 참으로 불행한 일이다. 만일 法官의 구속영장 제도가 법률에 정해진 구속사유에 의해 결정되는 것이 아니라, 정치와 검찰의 각본과 흉계를 도와주는 수단으로 전락했다면 법치가 완전히 무너졌다는 말이다.

法이 무너지면 국민은 믿을 곳이 없어지니 자기 방어를 위해 각자도생(各自圖生) 할 수밖에 없다. 그리되면 공공체의 권위와 질서가 무너져 결국 나라가 망한다. 이 나라가 망할 때 망국(亡國) 책임의 절반은 법조인과 언론인에게 갈지 모른다.

- 2017. 6. 4.

'막말 변론'의
변론

애국서신 ①: 죄 없는 박근혜 대통령을 '죄가 많지만 정상을 참작해서 잘 봐달라'고 제가 거짓 변호했으면 탄핵이 안 되었을 거라는 이야기입니까?

안녕하십니까. 여러분, 저 김평우 변호사입니다. 오늘 이렇게 공개 서신을 드리는 것은 다름이 아니라 저의 헌법재판소 변론에 대해 제가 막말로 변론을 해서 박근혜 대통령이 파면되어 박 대통령으로부터 제가 팽당했다고 아무런 근거 없이 비방을 하는 몇몇 방송인이 있고 그 비방이 맞다고 일부 보수 인사들도 맞장구를 쳐서 혹시라도 이를 사실로 믿는 선량한 태극기 애국시민들이 계실까 우려하여 해명을 드리고자 합니다.

제가 헌재 재판에서 변론을 너무 과격하게 해서—소위 막말을 해서—판사들이 화가 나 박근혜 대통령을 탄핵시켰다는 주장에 대해, 일단 재판에서 진 변호사 처지라 길게 변명하고 싶지는 않습니다. 그러나 박 대통령 입장에서 한번 생각해 보세요. 죄 없는 박근혜 대통령을 '죄가 많지만 정상을 참작해서 잘 봐달라'고 제가 거짓 변호했으면 탄핵이 안 되었을 거라는 이야기입니까? 더욱이 당시 헌재 변론의 90퍼센트는 이 중헌 변호사 등 소위 기왕의 변론팀이 했고, 저와 정기승, 조원룡 변호사는 마지막 변론기일에 두 번 참여하여 변론했습니다. 저희 팀이 한 변론의 양은 전체의 10퍼센트도 안됩니다. 90퍼센트의 변론은 공손한 변론인데 아무 영향이 없고, 10퍼센트의 변론이 과격하여 승패가 바뀌었단 말인가요? 삼성의 이재용 부회장이 구속된 것도 변호사들이 막말 변론을 해서입니까? 박근혜 대통령이 구속된 것도 유영하 변호사님이 막말 변론을 해서입니까? 제가 관여하지 않은 30여 명의 선량한 시민들이 구속된 것도 변호사가 막말 변론해서입니까?

한번, 변호사가 과격하게 말하면 지고 공손하게 말하면 이긴다고 가정합시다. 설사 그렇다고 하여도 이겨야 될 사건을 변호사가 과격하게 변론해서 졌다면 나쁜 것은 그 판사지, 변호사가 아닙니다. 변호사가 밉다고 무죄사건의 피고인을 유죄로 때리는 그 판사를 비판해야지 무죄를 변론한 변호사를 잘못했다고 비판하고 오히려 법에 어긋난 판결을 내린 판사를 두둔하는 국민은 참으로 못난 국민입니다. 제발 그런 못난 국민이 되어 서로 헐뜯지 맙시다.

여러분, 법치주의는 국민이 자기 권리를 당당하게 내세워 싸울 줄 알아야 오는 겁니다. 판사, 검사한테 굽실거려야 권리를 얻는다는 거지 근성을 버려야 합니다. 미국의 당사자들은 자기 변호사가 판사, 검사와 싸우지 못하면 수임료를 안 줍니다. 판사, 검사에게 잘 부탁하는 변호사에게만 돈 주려는 국민 수준 가지고는 법치주의는 요원합니다. 그런 국민은 영원히 법조 영감님들의 좋은 먹이가 될 뿐입니다.

　국민 여러분 두 손을 쥐고 일어납시다. 구시대의 법조 양반들과 당당히 싸웁시다. 우종창 지사님처럼, 두 손에 법전을 쥐고 일어납시다.

－ 2017. 6. 6.

현충일에

2

한국의 人權과 法治 수준은
북한보다 더 낫다고 할 수 있나?

오토 웜비어의 사망을 통해 본 박근혜 前 대통령 등 탄핵정변(政變) 희생자들의 人權

작년 봄, 북한 여행 중 호텔에서 정치 포스터를 훔친 죄(罪)로 15년 징역형을 선고받고 복역 중이던 美 대학생 오토 웜비어가 씨가 식물인간 상태가 되어 미국으로 귀환한 지 엿새 만에 사망했다. CNN 등 거의 모든 미국 언론은, 북한을 '인권과 법치가 존중되지 않는 야만정권'이라고 비난했다. 트럼프 대통령도 북한 정권을 '잔혹한 정권(brutal regime)'이라고 규정했고, 매케인 상원의원도 김정은을 가리켜 '살인자'라고 비난했다.

한국의 소위 진보 언론 대부분은 웜비어의 부모에게 조의(弔意) 정도나 표할 뿐, 북한정권의 인권탄압이나 무법(無法)에 대해선 잘 보도하지 않는다. 인권과 법치를 직업으로 하는 인권운동가, 법조인, 법조단체도 침묵으로 일관한다. 북한의 인권침해에 대해서는 절대로 입을 열지 않는

40

게 종북좌파(從北左派) 세력의 묵시적인 방침이란 건 널리 알려진 사실이라 예상은 했다.

그런데 의외로 청와대 대변인이 웜비어 사망 직후, 북한 인권에 강한 유감을 표시했다. 그것을 본 나는, 트럼프와의 첫 만남을 앞두고 트럼프 대통령에게 문재인 대통령이 북한의 인권침해에 유감을 표했다는 일종의 증거를 만든 게 아닌가 의구심이 들었다.

사실 박근혜 前 대통령, 이재용 삼성전자 부회장, 이화여대 총장 및 교수, 조윤선 문체부 장관 등 30여 명의 탄핵정변(政變) 희생자들이 아무런 罪도 없이, 정당한 사유도 없이 지난 수 개월간 서울 구치소에 수감되어 재판을 받고 있다. 이 역시 인권침해나 다름 없는데, 이에 대해서는 전혀 말이 없다. 인권을 표방한 문재인 정부는, 도주와 증거인멸의 우려가 없는 이들을 수감하고 있는 것에 대해 할 말이 없는가?

미국 대학생 한 사람이 받은 인권침해에 대해서는 미국 국민과 전세계가 모두가 일어나 분노하고 문재인 정부까지 나서서 한 마디 하고 있다. 그런데 한국의 전직 대통령, 재벌총수, 대학 총장이 받은 인권침해에 대해서는 외국인은 고사하고 한국의 언론·법조·인권단체 어느 누구도 관심이 없다. 이상한 민족주의다. 보다 정확히 말하면 보수·태극기 애국시민들에게는 법치도, 애국도 적용되지 않는 것 같다.

어제 캐나다 토론토의 북한인권협의회 이경복 회장이 박근혜 대통령 등의 인권침해 사실을 국제 인권단체에 호소하는 영문(英文)서신을 보내와 내 나름의 의견을 표했다. 미국 대학생 웜비어의 인권과 박근혜 대통령의 인권 그리고 북한의 인권, 이렇게 전혀 다른 셋을 한 자리에 놓고 비교하게 되었다. 모두가 알다시피 미국은 인권과 법치에 있어 선진국이다. 반면 북한은 인권과 법치에 관한한 세계 최악의 정부이다. 그렇다면 한국은?

탄핵정변 이전만 해도 한국은 아시아에서 법치와 인권의 선진국을 자처했다. 그러나 탄핵정변을 계기로 한국은 인권과 법치의 후진국으로 전락했다. 앞으로 탄핵정변의 실체가 알려지면 알려질수록 전세계는 지금까지 알려진 한국의 인권과 법치가 얼마나 위선적인가를 알게 될 것이다. 특히 언론과 사법부가 앞장서 법치와 인권을 철저히 유린한 사실에 경악을 금하지 못할 것이다.

한국 정부는, 앞으로 남북한 교류를 강화하면서 여러 면에서 북한의 영향을 많이 받을 것으로 예상된다. 한 가지만 당부한다. 제발 법치와 인권만은 더 이상 북한의 영향을 받지 말기를 기원한다.

– 2017. 6. 20.

한미동맹에
금이 가고 있다

애국서신 ②: 미국과의 동맹은 값싼 웃음이나 돈으로 살 수 있는 것이 아닙니다. 진심과 명분이 있어야 합니다.

동지 여러분, 이번 문재인이 미국 방문에서 보여준 만면의 웃음 잘 보셨지요? 자기 국민에게는 보수를 궤멸시키자고 잔혹한 얼굴로 사납게 눈을 부릅뜨며 촛불혁명을 외치던 바로 그 사람이 미국 대통령 트럼프와 미국민에게는 마치 마음씨 좋은 '호호 아저씨'로 바뀌어 마냥 웃음과 악수 공세입니다. 사나운 늑대가 상냥한 여우로 바뀐 것 같습니다. 미국 가기 전에는 '중국이 반대해서, 환경이 오염되어 사드 배치 안 된다, 핵폐기보다 평화가 우선이다, 한미(韓美) 안보보다 민족대화가 우선이다'라고 반미(反美)를 외치던 사람이 미국에 와서는 "사드 배치해서 튼튼한 한미 안보로 평화 지키겠으니 미국은 마음 놓으라" 하고 완전히 딴 사람이 되어 친미파(親美派) 행세를 합니다. 참으로 겉과 속이 다르고, 혁명의 성공 전후가 다릅니다.

그런다고 트럼프가 문재인의 거짓 웃음에 속아넘어가나요? 문재인이 미국에 노(no) 못하는 물렁이란 걸 알고 때를 놓칠세라 트럼프는 한미 통상조건 바꿔라, 방위비 분담금 더 내라 등 미국의 요구조건 다 내놓았습니다. 거기다 북한의 핵무기 위협에 대해 "미국은 언제나 자신을 지킨다(America defend itself, always)"라고 동문서답(東問西答)하여 한국 방위에 대해서는 한마디 언급도 안했습니다. 한국 공동방위가 아니라 미국 자신의 방위가 강조된 것은 한미동맹이 사실상 무너진 것을 간접적으로 암시하는 듯하여 가슴이 섬뜩합니다.

예의도 지나치면 비례(非禮)입니다. 웃음도 지나치면 경멸을 받습니다. 북한의 핵무기 공갈과 중국의 무역중단 공갈에 끽소리도 못하고 벌벌 떠는 불쌍한 약소국 대통령이 국내에서 자기 국민에게만 큰소리로 고함지르고 외국에 나와서는 이렇게 뺨 맞고 청구서만 받고 가니 이 모습을 보는 저는 같은 한국인으로서 부끄럽습니다. 조선시대 말 자기 국민에게는 한없이 근엄하고 잔혹하게 굴고 외국 사신(使臣)에게는 더없이 후하고 친절했던 못난 왕 고종(高宗)의 얼굴이 떠오릅니다. 국빈 영접은커녕 국가원수 대접도 못 받고 들어와 그냥 웃습니다. 만나는 사람마다 먼저 손 내밀고 하하입니다. 그러나, 이를 맞는 미국 측은 트럼프 대통령 부부로부터 시작해 다른 사람들도 웃음이 없습니다. 긴장되고 찌푸린 얼굴입니다. 문재인이 뭐라 한마디 해서 웃겼다고 한국 언론은 대서특필입니다. 미국 사람 웃기러 왔나요? 약소국 대통령은 웃기는 게 아니라 존경을 받아야 합니다. 미국 사람들은 원래 잘 웃어 약소국 대통령까지 웃길 필요는 없습니다.

지금까지 한국 대통령 중에서 미국 대통령에게 이렇게 푸대접 받은 사람 있나요? 아니 이렇게 푸대접 받으며 뺨 맞고도 히히 대는 못난 대통령 있었나요? 불과 4년 전 미국 상하 양원회의에서 수차례 기립박수 받으며 최고의 국빈대우를 받았던 박근혜 대통령과 너무나 대조됩니다.

미국인의 존경과 사랑을 받았던 그 사람은 아무 죄도 없이 지금 감방에 갇혀 재판을 받고 있습니다. 그리고 아무 죄도 없는 그를 대통령직에서 끌어내리고 대통령에 오른 사람은 지금 미국인에게 웃음을 팔며 다닙니다. 무슨 영문인지 너무 흥분해서 방명록에 자기 나라 이름 하나 제대로 못 쓰고 있습니다. 하긴 그 사람 자기 나라 대한민국을 인정하지 않았으니까 일부러 이름 틀리게 썼는지도 모르지요.

그런데도 한국의 쓰레기 언론은 문재인의 이번 미국 방문이 대성공이고 대환대를 받았다고 찬양 일색으로 모두 용비어천가(龍飛御天歌)를 짓기에 바쁩니다. 그 용비어천가가 진실인 줄 알고, 마냥 행복하게 사는 한국인들이 불쌍하다 못해 부럽습니다.

이럴 때면 이승만(李承晩) 건국 대통령이 생각납니다. 남한 점령군 사령관으로서 한국의 맥아더 노릇을 하려던 하지 중장이 공항에 영접나와 먼저 경례로 첫 인사하자 자네(soldier)라고 부르며 답례하고, 일본인이 천황(天皇)보다 어려워 한 맥아더 사령관에게 아들(son)이라고 부르며 등을 두드려주고, 미국 상하 양원회의에 당시까지 미국 역사상 최다수의 기립박수를 받았다던 그분은 미국에 결코 값싼 웃음을 팔지 않았습니다. 공산주의라는 인류 공동의 적(敵)을 위해 한국인과 미국인이 같이 피를 흘리며 싸우자고 당당하게 동맹을 요구했습니다. 그것이 미국인을 감동시켜 기꺼이 약소국 대한민국을 위해 5만 명의 미군이 목숨을 바친 것입니다. 미국과의 동맹은 값싼 웃음이나 돈으로 살 수 있는 것이 아닙니다. 진심과 명분이 있어야 합니다.

문재인이 진심을 감추고 웃음과 돈으로 韓美동맹을 형식상 지키려 한다면 그는 한미동맹이 어떻게 만들어졌고 왜 만들어졌는지를 모르는 것입니다. 한미동맹이 부서지려고 금이 가고 있습니다. 문재인의 헤픈 웃음이 저를 슬프게 합니다. 아니 우리 애국시민들의 마음을 아프게 합니다.

– 2017. 7. 1.

朴 대통령의
고난 213일

문재인의 문화혁명 끝나고 제2의 건국이 되는 그날까지 우리가 겪을 고난의 행군 날짜를 카운트하자.

　박근혜 대통령이 국회에서 탄핵소추되어 대통령 직무가 정지된 날이 2016. 12. 9. 이다. 세어보니 날짜로 213일이다. 그때부터 박 대통령이 겪은 수난은 이루 말할 수 없다. 헌법재판소에서 8대 0이라는 어이없는 인민재판으로 대통령직에서 파면된 것이 2017. 3. 10. 이니 날짜로는 123일이 되었다. 그 뒤에 아무런 구속사유도 없이 검찰의 영장청구가 인용되어 구치소에 수감된 것이 2017. 3. 31. 이니까 날짜로 102일이다. 이렇게 박근혜 대통령을 가두어놓고 후다닥 선거를 치러 문재인이 대통령 자리를 찬탈한 것이 2017. 5. 9. 이니까 오늘로서 62일이다.

　그분이 고의로 대한민국 헌법이나 법률을 위반하여 법에 어긋났다면 누가 뭐라 하겠는가? 그러나 아무런 죄도 없는 사람을 "소통이 안된다",

"국정을 농단했다"는 식으로 대한민국 헌법이나 법전에 없는 순전히 언론이 조작해낸 조선시대식 탄핵용어를 가지고 언론과 촛불 시위대가 위세를 부리자 이에 놀란 검찰과 법관이 억지 법률해석으로 인민재판을 해서 대한민국 대통령을 청와대에서 끌어냈다.

그리고는 아무런 증거도 없이 후다닥 해치운 탄핵을 사후에 정당화시키려고 구속 사유도 없이 구속을 하고 일주일에 네 번씩 살인적인 졸속 재판을 하여 결국 인격과 육신(肉身)을 망가뜨리는 만행을 저지르니 이 어찌 통탄할 일이 아닌가! 누가 뭐래도 이것은 자유·민주·법치국가에서 일어날 일이 아니다. 1960년대 공산중국에서 있었던 문화혁명을 50년 뒤에 한국의 소위 진보 좌파가 그대로 재현하고 있는 것이다.

그래도, 당시 중국의 홍위병들에게는 소련도 못한 완벽한 공산혁명을 중국인들이 실현해 보자는 순진한(?) 열정은 있었다. 적어도 그들은 치부를 하지는 않았고 인민과 함께 노동하는 시늉은 했다. 지금 한국에서 일어난 문화혁명은 목적이 무엇일까? 한국의 촛불시위대는 '적폐청산(積弊清算)'을 외치던데 그것이 과연 무엇일까? 1960년대 중국에서 홍위병(紅衛兵)들이 외쳤던 '조반혁명(造反革命)'과 무엇이 다른 것일까?

아직 저들의 숨은 카드가 나오지 않아 모르겠으나, 십중팔구는 김일성의 교시대로 미 제국주의를 몰아내고 민족통일 이룩하자는 통일노래 아닐까? 그리고 그 통일노래는 결국 노동은 인민이 하고 자기들은 족보가 다르니까 인민이 벌어온 돈으로 대대손손 잘먹고 잘살겠다는 김일성식 '특권계급론'을 정당화시키는 구실이 아닐까?

문화혁명이 무슨 뜻인가? 노동이나 생산과는 거리가 먼 언론·법조·노조·교사·문화 등 소위 지식계급들 즉 자칭 문화계급이 노동·생산계급을 영원히 지배하겠다는 계급혁명 아닌가? 정당한 민주·법치 절차로는 문화혁명을 못 이루니까, 자칭 문화계급들이 총연합하여 '소통부재' '국정농단' '적폐청산' 이런 구호를 만들어 촛불시위로 선량하고 어리석은 국민들 혼을 빼서 후다닥 탄핵정변 일으키고, 사전 선거운동으로 후다닥 보선(補選)을 치러 정권을 찬탈하는 정변을 일으킨 것이다.

박근혜, 이재용 등의 구속·재판은 바로 이 정변의 마무리 절차이다. 민주주의와 자유시장에 대한 저들의 최종 판결이다. 다시 말해 자유, 민주, 법치를 국시로 하여 이승만(李承晩) 건국 대통령과 박정희(朴正熙) 애국 대통령이 세운 대한민국에 대해 사형을 선고하는 마지막 굿풀이다. 이 재판이 끝나면 저들은 대대적인 문화혁명 승리의 자축파티를 벌이고 고려연방제와 문화계급 특권 만들기 투쟁에 들어가리라. 그것이 바로 한국의 진보·좌파가 중국 문화혁명 60년 뒤에 남한에서 벌인 한국판 문화혁명의 목적이니까.

대한민국을 사랑하는 애국시민들은 결코 잊지 말자. 오늘은 박근혜 탄핵 213일, 파면 123일, 구속 102일, 정변 62일이 된다. 문재인의 문화혁명 끝나고 제2의 건국이 되는 그날까지 우리가 겪을 고난의 행군 날짜를 카운트하자.

— 2017. 7. 10.

朴 대통령이 혼자 지고 있는
저 무거운 십자가를 모두 나누어 지자!

두 번 다시 이 땅에, 시대에 뒤떨어진 문화혁명 놀이가 일어나지 못하도록 참 다운 시민 정신혁명을 일으키자!

박근혜 대통령이 국회에서 탄핵소추되어 대통령 직무가 정지된 날이 2016. 12. 9. 그때부터 朴 대통령이 겪은 배신과 수모의 심적 고통, 감옥 생활에 따른 육체적 고통은 이루 말할 수 없다.

2017. 3. 10. 헌법재판소에서 8대0이라는 어이없는 인민재판으로 대통령직에서 파면되고, 2017. 3. 31. 아무런 구속 사유도 없이 검찰의 영장 청구가 인용되어 구치소에 수감되었다. 그날부터 구치소 생활로 모든 자유를 잃고 독방에서 한숨과 비탄에 잠 못 이루는 매일이 계속되고 있다. 세상 민심(民心)이란 흐르는 강물처럼 덧없다. 문재인 씨가 대통령이 되니 사람들은 모두 박근혜 대통령을 잊었다. 그분이 아무리 억울해도 남의 일이고 지나간 일이므로 잊고 사는 게 편하다는 계산이리라.

그러나 그분의 억울함을 아는 애국시민들은 그렇게 계산만 하며 살수 없다. 더욱이 억울하게 자리를 잃고, 명예를 잃고, 자유를 잃은 사람이 박 대통령 한 사람이 아니다. 박 대통령을 유죄로 만들기 위해 아무죄도 없는 이재용, 김기춘, 조윤선 등 이 나라를 대표하는 30여 명의 선량한 국가 지도자들을 억지 조사하고 억지 재판을 하고 있다.

지금 사법 당국은, 나약하고 몸이 쇠약해진 60대 여성을 일주일에 네번씩, 하루에 근 10시간씩 법정에 불러내고 있다. 이는 박 대통령의 인격과 육신(肉身)을 망가뜨리는 심각한 인권유린 행위이다. 이 어찌 통탄할일이 아닌가! 누가 뭐래도 이것은 자유·민주·법치 국가에서 일어날 일이 아니다.

박근혜 대통령이 부정부패로 탄핵되고, 구속되어 재판을 받는다면누가 뭐라 하겠는가? 그러나 돈 한 푼 안 받은 대한민국 역사상 가장깨끗한 대통령을 부정부패의 화신(化身)으로 만들었다. '적폐청산'이니'국정농단'이니 하며 대한민국 헌법이나 법전에 없는 조선시대式 용어를만들어냈다. 결국 국민이 뽑은 민선(民選) 대통령을 임기도 마치기 전에대통령 직에서 쫓아내 사실상 그 자리를 찬탈했다.

학교에서는 국민들에게 한자를 안 가르쳐 놓고 자기네들 정치선동 구호에는 어김없이 '적폐청산', '국정농단' 이니 하는 어려운 한자 사자성어(四字成語)를 써댔다. 글자 뜻도 제대로 모르는 무지한 국민들을 가지고노는 선동 정치이다. 조선시대 문인(文人)들이 '삼강오륜'이니 '불사이군'같은 어려운 한자어를 쓰며 국민들을 기만했던 것과 유사하다. 이것이 조선시대 양반정치와 무엇이 다른가? 유식을 뽐내는 한심한 양반정치와 조선 망국(亡國)의 역사를 아는 우리 애국 동지들이 어떻게 이를 가만히 지켜만 보고 있을 수 있겠는가!

1960년대 중국에서 홍위병들이 국가주석 유소기(劉少奇)와 그 동지들을 끌어내 인민재판하여 끝내 죽이고 10년간 중국을 대혼란에 빠뜨렸던 소위 문화혁명을 50년 뒤에 한국의 소위 진보, 좌파가 그대로 이 땅에서 재현하고 있다고 볼 수 있다. 당시 중국의 홍위병들에게는 소련도 못한 완벽한 공산혁명을 중국 땅에서 실현해 보자는 순진한(?) 혁명 열정이 있었다고 한다.

한국에서 일어난 촛불혁명은 목적이 무엇일까? 한국의 촛불시위대는 '적폐청산'을 외치던데 그것은 기존 세력을 무너뜨리기 위한 선동 구호이고, 무너뜨린 그 자리에 세우려는 것은 과연 무엇일까? 정당한 민주·법치 절차로는 시대에 뒤진 반동(反動)혁명을 못 이루니까, 평화시위를 가장하여 촛불시위로 감성을 자극해 선량하고 어리석은 젊은이들 혼을 빼 탄핵정변을 일으킨 것이라고 말한다면 과(過)한 것일까?

그렇게 혁명에 성공한 집권세력은, 반미적(反美的) 인식에 기초한 외교·안보 정책을 추진, '외교·안보에 있어 대승(大勝)을 거두었다'고 자축할 것 같다는 게 내 개인적인 판단이다.

박근혜·이재용 등의 구속재판은 시대에 뒤떨어진 쇄국주의, 反動혁명의 마무리 절차라고 볼 수 있다. 이러한 일련의 과정이, 자유·민주·법치를 국시(國是)로 하여 이승만 건국 대통령과 박정희 애국 대통령이 세운 대한민국의 정체성에 종지부를 찍으려는 시도가 아닌지 의심스럽다. 이쯤 되면 조선시대 양반정치, 양반 문화계급 세습 독재 정치를 이 땅에 씨 뿌리려는 시대에 뒤떨어진 3류(類) 지식인들의 촛불혁명 굿판이라고 봐도 무방하지 않은가?

이 재판이 끝나면 저들은 자신들만의 양반 특권 계급을 만들어 못 박기 작업에 매진하리라. 동조하는 사람들에게는 이권(利權)을, 반대하는 사람들에게는 형벌과 세무조사, 왕따 만들기 같은 채찍 휘두르기가 이어질 것이다.

대한민국을 사랑하는 애국 시민들은 결코 저들의 시대에 뒤떨어진 문화혁명 즉 현대판 쇄국주의, 양반 계급 혁명놀이에 굴복하지 말라. 온갖 난관을 이겨내 저들의 시대에 뒤떨어진 허망한 야욕을 반드시 꺾어야 한다. 두 번 다시 이 땅에 시대에 뒤떨어진 문화혁명 놀이가 일어나지 못하도록 참다운 시민 정신혁명을 일으켜야 한다.

그러기 위해선 박근혜(朴槿惠) 대통령이 혼자 지고 있는 저 무거운 십자가를 다 같이 나누어 지자. 박근혜 대통령의 고난은 우리를 대신한 고난이다. 저들의 촛불·문화혁명 놀이가 실패하고, 태극기 애국세력이 제2의 건국을 이룩하는 그날까지, 우리는 박 대통령을 따라 고난의 행군(行軍)에 동참하자! 우리 모두 달력에다 박근혜 대통령 고난의 행군 날짜를 적어 나가자. 오는 7월19일은 박근혜 탄핵 222일, 구속 111일째 되는 날이다.

— 2017. 7. 17.

유엔인권고등판무관실 앞
청원서

대한민국 전 대통령 박근혜 여사와 이분의 탄핵과 관련하여 협박과 강압수사를 받은 이들이 당한 조직적 인권침해에 대하여, 조사를 실시해줄 것을 청원합니다.

2017년 7월10일

스위스제네바

유엔인권고등판무관 자이드라드 알 후세인 귀하

존경하는 고등판무관님:

제목: 한국 내 인권침해에 대해 시급한 조치를 청원합니다!

저희들은 유엔인권고등판무관실이 대한민국의 전 대통령 박근혜 여사에 대해, 그리고 그녀의 탄핵 건과 관련하여 협박 또는 강압수사를 받

은 이들에 대해, 자행되고 있는 조직적 인권침해에 대하여 조사를 실시
해줄 것을 청원합니다.

그리하여 이분들이

1. 불구속으로, 공정하고도, 수갑을 채우는 일 등이 없는 인도적인
재판을 보장받도록, 그리고

2. 이들이 받은 부당한 처사에 대해 명예회복 등의 피해구제를 받을
수 있도록 해주시기를 바랍니다.

아래와 같이

시민적및정치적권리에관한국제규약(이하 '자유권 규약')과의 관련규정
에 따라 조사를 개시함에 있어 필요한 정보를 제시합니다.

대단히 감사합니다.

캐나다 토론토 북한인권협의회 회장 이경복

한국구국재단 토론토지부 공동대표 류영린

미국 로스앤젤레스 김평우

오스트레일리아 시드니 숙희 맥로버츠

독일 뒤스부르크 조재원

참조: 고등판무관실 산하

– 자유권규약 위배 조사위원회

– 고문방지협약 위배 조사위원회

당사국: 대한민국

연락처 : 이경복 캐나다 온타리오 토론토 (416) xxx xxxx

관련 국제 규약 및 협약:

−자유권규약(ICCPR),

− 고문방지협약(CAT)

− 여성에대한폭력철폐선언(DEVAW)

주 : 조사에 필요한 추가정보 요청이 있으면 가능한 한 최대한 제출하겠음

배경

(1) 친북세력에 의한 폭력적인 '증오시위'

한국 서울에서 2015년 11월에 있었던 소위 민중총궐기 촛불시위가 2016년 10월 말에 다시 일어났다. 이 촛불시위는 흔히 비폭력 평화시위 라고 알려졌지만, 실제로는 과격한 노동조합원 및 불법화된 친북세력을 포함한 당시 박근혜 대통령에 반대하는 정치적 이념을 가진 사람들이 선동한, 저주와 욕설로 가득찬, 일종의 '증오시위'였다.

시위자들은 박근혜 대통령을 "대결광, 전쟁광"이라고 외치며 효수한 머리를 땅바닥에 처박는 사진 등 친북 슬로건을 들고 시위를 했다. 그들은 박 대통령에 대한 모의재판을 통해 단두대에서 목을 치는 퍼포먼스를 했는가 하면, 박 대통령의 성(性)행위를 연상시키는 '포르노' 사진을 전시하는 등, 가증스럽고 야만적이며 야비한 인격살인을 자행했다. 그리고 그들은 박 대통령의 즉각적인 사임, 체포, 구속 및 처형을 요구했다.

사실상 반란이랄 수 있는 이 난동에 대해서 경찰당국은 소심하고 망설이면서 적극적으로 대처하지 않았고, 대다수의 언론들은 비판은커녕 오히려 이들을 옹호하거나 찬양하였다. 이를 틈타서 정치적 반대 세력들은, 무책임한 언론이 양산한 박 대통령에 대한 수많은 억지 주장과 추측 보도에 극도로 흥분한 국민들의 심리를 교묘히 정략적으로 이용하기에 이르렀다. 당시 언론이 양산한 보도는 대부분 오보 또는 조작이었음이 사후에 밝혀졌다.

(2) 적법절차와 증거재판의 원칙이 부정됨

박 대통령의 정치적 반대파들이 다수를 차지한 국회는, 촛불시위가 국민의 의사를 대변한다면서 그럴 만한 증거력 있는 증거나 탄핵의 당위

성에 대한 설득력 있는 논리도 없이, 그리고 여하한 찬반토론 절차도 없이, 박 대통령에 대한 탄핵소추를 의결하였다.

⇨ **자유권규약 제14조 2항 위배**

나아가, 헌법재판소는 박 대통령 변호인 측이 제출한 여러 결정적인 반박 증거의 채택을 거부하고, 심지어는 재판부 정족수도 갖추지 않은 상태에서 국회의 탄핵소추를 인용 판결하였다.

⇨ **자유권규약 제14조 3항(e)위배**

(3) 선후(先後)가 뒤바뀐 정치적 재판을 위하여, 합당한 사유 없이 구속

탄핵 결정으로 대통령직에서 물러난 지 3주 후인 지난 2017년 3월31일, 박근혜 여사는 탄핵소추에 적용했던 말도 안되는 똑같은 혐의 즉, 공모·뇌물·강요 등의 혐의로 구속되었다. 구속을 하기 위해서는 거주가 불분명하거나, 도주 및 증거인멸의 우려가 있어야 한다는 규정이 있음에도 불구하고, 이에 해당되지 않으니 '다른 관련자가 구속되었으므로 형평상 똑같이 취급되어야 한다'는 기이(奇異)한 이유를 붙여 구속하였다.

⇨ **자유권규약 제9조 3, 4, 5항 위배**

그녀는 자신은 "18년간의 공직생활에서 단 한 번도 부정에 관여된 적이 없다"며 단호하게 무죄를 주장하고 있으며, 실제로 그가 사익을 위하여 자신의 친구와 공모했거나 단 한 푼의 뇌물을 받았다는 어떠한 증거도 없다. 오히려 탄핵재판소가 증거로 채택만 하였더라면 탄핵안을 기각하는데 결정적 요인이 되었을 반증자료가 있을 뿐이다.

⇨ 자유권규약 제14조 3항(e) 위배

박근혜 여사와 관련자의 금융계좌를 철저히 추적했으나 이렇다 할 증거를 찾아내지 못하자, 검찰은 그에게 소위 '제3자 뇌물제공죄'란 애매한 죄목을 적용하면서 "뇌물을 직접 받지는 않았으므로" 재산 추징은 하지 않기로 했다고 하였다. 그녀는 자신이 "정치적 및 이념적 반대 세력들에 의해 허위와 조작으로 모함을 받은 것"이며, 따라서 "시간이 걸리겠지만 결국은 진실이 밝혀질 것"이라고 말했다.

박근혜 여사는 지금 재판을 받고 있지만, 이 재판은 일찍이 국회가 탄핵소추를 하기 전에, 아니면 늦어도 헌법재판소가 탄핵소추를 인용하기 전에 했었어야 한다는 점에서 선후(先後)가 뒤바뀐 재판이다. 추측컨대 오심 즉, 졸속으로 내린 탄핵 결정을 정당화하기 위해서는 어떻게든 그녀에게 유죄를 선고해야만 할 필요에 의해 행해지고 있다는 점에서 정치적 재판인 것이다.

법원은 구속기간이 만료되는 6개월 이전에 재판을 끝내겠다고 한다. 이는 구속상태에서 유죄선고를 하기로 미리 결정해놓고 하는 재판인 것 같다. 무죄추정의 원칙이 배제되고, 이를테면 "당신이 유죄라는 것은 앞으로 있을 선고에서 증명될 것이다"란 식의, 무죄추정의 원칙이 아니라 유죄추정의 원칙이 적용되고 있는 셈이며, 따라서 그녀는 지금 사실상

기결수로 복역을 하고 있다고 말할 수 있다.

⇨ **자유권규약 제14조 2항; 고문방지협약 제1조 1항 위배**

(4) 비인도적 및 굴욕적 대우

2016년 12월9일 국회의 탄핵소추가 의결됨에 따라 대통령의 직무가 정지되어 청와대 안에 있는 거소에서 사실상 연금상태에 있을 때, 박 대통령은 헌법재판소로부터 2014년 세월호 침몰 당일 7시간 동안 무엇을 하였는지 십 분 단위로 밝히라는 요구를 받았다. 이는 박 대통령이 그 7시간 동안 몰래 마약을 했다느니, 굿을 했다느니, 바람을 피웠다느니 하는 등의 어처구니없는 의혹에 대해 해명을 하라는 요구로서, 한 나라의 지도자로서뿐이 아니라 한 여성으로서의 인격을 모독하는, 지극히 모욕적인 명예훼손이다.

⇨ **자유권규약 제10조 1항, 제17조 1항, 2항 위배; 여성에 대한 폭력철폐 선언 참조**

또한 국회의 전시관에서는 '곧 꺼져라'라는 주제 하에 박 대통령이 야한 누드 포즈로 침대에 누워있는 패러디 사진을 전시하도록 방치함으로써, 역시 한 나라의 지도자로서뿐이 아니라 한 여성으로서의 인격을 심히 모독한 바 있다.

⇨ **자유권규약 제17조 1항, 2항 위배; 여성에 대한 폭력철폐 선언 참조**

한 독립적인 의료소식통에 의하면, 65세의 박근혜 전 대통령은 만성

신장병, 위궤양, 무릎관절염, 척추하부 요통의 지병을 갖고 있다고 한다. 그는 또, 24시간 불이 켜져 있는 침대 없는 감방에서 안대를 하고 잠을 청해야 하는 불면증에 시달리고 있을 것임이 분명하다.

알려진 바에 의하면, 모든 구치소 입소자들은 입소시에 옷을 다 벗긴 채 소위 '항문검사'라는 것을 받는다는데, 박 전 대통령 역시 이 항문검 사를 받았거나 아니면 가운만 입은 채로 전신 투시장치에 앉도록 하는 신체검사를 받았을 것으로 보인다고 한다. 만약 사실이라면, 정말 참을 수 없는 굴욕이 아닐 수 없다.

⇨ **자유권규약 7조, 10조 1항; 고문방지협약 16조 위배; 여성에 대한 폭력철 폐 선언 참조**

3000여 명의 미결수가 있는 구치소에 수감돼 있는 박근혜 전 대통령 은, 아침 6시에 기상하여 담요을 개고 아침 점호를 받으며, 화장실을 갔 다가 세면을 하고 7시가 되면 아침식사를 하는데, 15분 정도 안으로 마 쳐야 한다. 위궤양을 앓고 있는 분으로서는 너무도 짧은 시간이다. 사식 (私食) 반입은 금지돼 있으며, 따라서 건강을 유지하기 위한 적절한 영양 섭취를 못하고 있다. 그리고 나서 8시쯤이 되면, 수갑을 채워 재판정으 로 끌려가는 것이다.

⇨ **자유권규약 7조, 10조 1항, 10조 2항(a), 14조 3항(b); 고문방지협약 제16 조 위배**

(5) 법정에서 쓰러져도 입원치료 불허

현재, 법원은 박 전 대통령에 대하여 일주일에 4일, 하루에 10시간 이상씩의 재판을 강행하고 있는데, 요통 때문에 법정에 장시간 앉아있을 수 없다는 점을 감안하면 신체적 고문을 받는 것이나 다름없다. 구치소에서 하루 2시간씩 밖에 나가 바람을 쐴 수 있었던 일도 이제 더 이상 할 수 없게 됐고, 일주일에 단 15분 정도 할 수 있는 온수 샤워 기회를 놓치면 냉수로 머리를 감을 수밖에 없다.

⇨ **자유권규약 제7조, 10조 1항, 14조 3항(b); 고문방지협약제 16조 위배**

교도관의 항시적 감시 하에 있는 그녀는 구치소 규율에 따라 감방 안에서는 요가 자세로 똑바로 앉아있어야 하고 눕거나 벽에 기대어 쉴 수도 없다. 법정에 나가고 돌아올 때마다 수갑이 채워져서 텔레비전에 공개 방영되며, 계속 수갑을 채우다 보니 손목에 멍이 들고 상처가 나 지금은 수갑을 채우기 전에 붕대를 먼저 감아야 한다.

⇨ **자유권규약 제7조, 10조 1항, 14조 1항; 고문방지협약 제16조 위배**

게다가 그녀에 대한 재판 진행 전체를 텔레비전에 공개 방영할 것을 고려하고 있다는 보도도 있는데, 이게 현실화된다면 이는 공개적으로 굴욕을 주기 위한 일종의 프라이버시와 인격에 대한 의도적 침해이다. 단적으로 말하면 신체적 고통과 인격 파괴, 그리고 굴욕을 줌으로써 지쳐 포기하게끔 하려는 일종의 심리적 고문이 될 것이다.

2017년 6월30일 그녀는 8시간 반 동안 법정에서 앉아있다가 피로와 현기증으로 테이블에 쓰러졌다. 그런데도 병원에 입원시켜 달라는 변호인의 요청이 거절되었다.

⇨ **자유권규약 제7조, 10조 1항; 고문방지협약 제16조 위배**

(6) 부당한 압력

(가) 고문에 상당하는 협박과 강압

보도된 바에 의하면, 검찰은 피의자 또는 참고인을 소환하여 – 어떤 경우에는 낮에 불러서 장시간 대기시켜 놨다가 – 심야 또는 철야심문을 예사로 했는데, 이는 의도적인 수면권의 박탈이다. 검찰 심문에서 협박과 강압으로 허위자백을 강요하는 일 또한 일상화된 관행인 것 같다. 그로 말미암아 피의자들이 자기의 의사 개진을 포기하거나 검찰에 타협하거나, 또는 자기에게 불리한 자백을 강요받지 않을 '자기부죄거부(自己負罪拒否)'의 특권을 포기하게끔 하는 것은 고문에 상당하는 부당한 압력 행사라고 할 수 있다.

⇨ **자유권규약 제7조, 10조 1항 위배**

한 예로, 박 전 대통령의 친구인 최서원 씨는 법정에서 말하기를 검찰의 위세가 너무도 강압적이었기 때문에 극도의 탈진 상태에서 마지못해 진술서에 서명을 했다고 하였다. 그는 또 변호인이 없는 틈을 타서 검사가 "우리에게 협조해서, 당신과 박 대통령이 경제적 공동체였다는 것을 부는 게 좋을 것이다. 안 그러면 당신의 딸은 물론 손자까지 3대에 걸쳐

멸족될 줄 알아라"고 협박과 강압을 받았다고 주장하였다.

⇨ **자유권규약 제7조, 10조 1항, 14조 3항(g); 고문방지협약 제1조 1항 위배; 여성에 대한 폭력철폐 선언 참조**

또다른 예로, 성형외과 의사 부인 박채윤 피의자는 검찰로부터 "박 대통령이 (세월호 사고 때) 성형수술을 받았다고 자백하라, 안 그러면 당신의 남편(성형외과 의사)과 종업원들이 구속될 것"이라고 협박과 강압을 당했다고 주장했다. 그로 인해 그녀는 호흡장애로 산소마스크를 쓰고 구급차에 실려갔었다.

⇨ **자유권규약 제7조, 10조 1항, 14조 3항(g) 위배; 여성에 대한 폭력철폐 선언 참조**

또다른 예로 피의자 이재용 삼성그룹 부회장은 22시간 밤샘조사를 당했다. 물론 형식적으로는 검찰의 요청에 피의자가 동의를 했다고 한다.

⇨ **자유권규약 제7조, 9조 3항, 4항, 5항, 10조 1항; 고문방지협약 제1조 1항, 12조, 13조 위배**

또다른 예로 박 대통령의 전 비서실장인 78세의 김기춘 피의자는, 자기가 기소된 사안은 특검이 조사를 위임받은 사안도 아닐 뿐 아니라, 사안 자체가 성격상 기소될 범죄도 아니라고 주장했다. 그는 또, '이 정치적 재판에서' 자신은 수사의 대상도 기소의 대상도 될 수 없다고 주장하였다.

그는 감방에서 바지를 입다가 기절을 하여 한 차례 외부 의사의 진료를 받은 바 있으며, 심각한 심장병 때문에 추가적인 외부 의사의 진료가 절실한데도 거부당하고 있다.

⇨ **자유권규약 제7조. 9조 3항, 4항, 5항, 10조 1항; 고문방지협약 제1조 1항,**

12조, 13조 위배

한편, 국정개입 혐의를 받고 있는 옛 주인에 대한 내부 밀고자로 알려

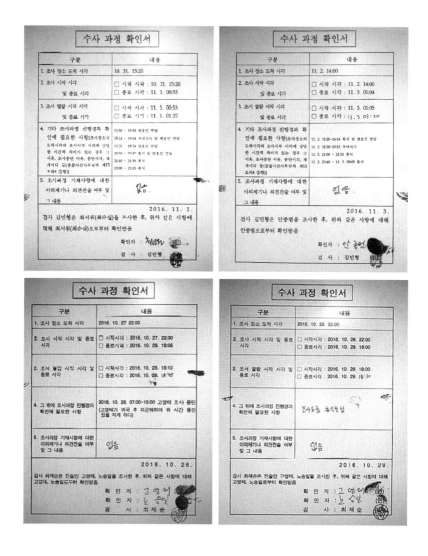

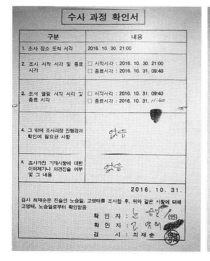
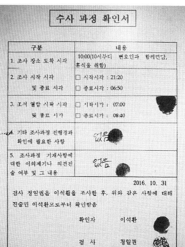

진 고영태의 경우, 2016년 10월28일 검찰심문 중, 9시간 동안 취침이 허용된 사실은 특별한 관심의 대상이다. 이는 이 사람이 검찰(의 회유)에 적극 협력했다는 명백한 증거가 되기 때문이다. 이 사람은 나중에 한 야당의원으로부터 내부 고발의 공로가 크다며 '영웅'이라고까지 칭송을 받았다.

⇨ **자유권규약 제14조 3항(e); 고문방지협약 제15조 참조**

(나) 강압에 의한 자백을 증거로 채택하고, 병합심리로 선입견과 편견의 가능성이 있음

박 대통령에 대한 탄핵심판 변호인은, 이와 같은 인권 유린적 관행을 구두 및 서면으로 지적하며, 강압에 의한 자백 또는 강압에 의한 시인을 근거로 한 진술은 증거 능력이 없다고 주장했으나 받아들여지지 않

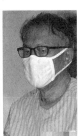

았다.

⇨ **고문방지협약 제15조 위배**

지금 법원은 박근혜 전 대통령에 대한 재판을 강압에 의한 진술을 증거로 채택한 다른 관련 피의자들의 재판 건과 병합하여 심리하고 있는데, 이렇게 되니 재판부가 선입견과 편견을 갖게 될 수밖에 없는 상황이다. 더욱이 1주일에 4일씩 재판을 강행하니, 변호인들이 반론을 준비할 충분한 시간을 가질 수가 없다. 애당초 공정한 재판을 기대할 수 없는 이유이다.

⇨ **자유권규약 제14조 1항, 3항(b); 고문방지협약 제15조 위배**

부속자료

(1) 협박 및 강압의 피해자들

심야심문을 통해 협박 또는 강압을 받은 30여 명의 피의자 중에서 그 일부인 12인의 명단을 아래와 같이 제시한다:

이름 및 증세	소환일(시)	심문시간
최서원(공황장애, 탈진)	2016. 10. 31~11. 1. 15:20~1:35 2016. 11. 1~11. 2. 16:25~00:40 2016. 11. 3~11. 3. 10:45~13. 35	10시간 15분 8시간 15분 2시간 50분
박채윤 (산소마스크 쓰고 입원, 암치료병력)	2016. 11. 2~11. 3. 14:00~03:20 2016. 11. 3~11. 4. 17:10~03:50	13시간 20분 10시간 57분
안종범 전 수석 (고혈압, 당뇨)	2016. 11. 11~11. 12(10:30) 15:58~02:55 2016. 11. 12~11. 13. 16:10~06:10 2016. 11. 14~11. 15. 21:00~06:12 2016. 11. 17~11. 18. 15:20~02:19	10시간 40분 14시간 9시간 12분 10시간 59분
정호성	2016. 11. 4. 0:37~02:15 2016. 11. 8~11. 9(16:00) 20:30~01:50	1시간 38분 5시간 20분
차은택	2016. 11. 8. 0:35~05:00 2016. 11. 9~11. 10. 10:00~04:00	4시간 25분 18시간
박원오	2016. 11. 5~11. 6. 15:00~0:30 2016. 11. 21~11. 22. 17:00~2:00	9시간 30분 9시간
박상진	2016. 11. 12~11. 13(14:00) 20:30~09:00	12시간 30분
이재용	2016. 11. 13. 13:40~20:44 2016. 11. 13~11. 14. 20:50~01:28 2017. 1. 12~1. 13. 09:30~07:50	7시간 4분 4시간 38분 22시간 20분
신동빈	2016. 11. 15. 14:35~05:09	14시간 34분
고영태	2015. 10. 27~10. 28 22:30~18:06 *10 .28. 07:00~16:00(9시간) 잠을 자게 하다. 2016. 10. 28~10. 29. 22:00~8:30 2016. 10. 30~10. 31. 21:00~11:00 2016. 11. 8~11. 9. 15:20~03:20	19시간 36분* 10시간 30분 14시간 12시간
김기춘(심장병 환자)	외래진료 필요한 환자이나 거부됨. 78세 노인, 감방에서 기절.	
조윤선(강박장애)	입원진료 필요하나 거부됨.	

(2) 청원서 서명자

아래 명단은, 본 건과 관련하여 깊은 관심을 표하고 이 청원서를 지지하기 위해 자발적으로 이름을 제공한 북미주와 호주 그리고 독일에 거주하는 인권운동가 및 지식인 123인입니다: (생략)

캐나다: 셜리 앤 헤이버 외 55인

미국: 김평우 외 44인

오스트레일리아: 숙희 맥로버츠 외 6인

독일: 이승직 외 14인

역사의 심판이
멀지 않다

진실과 정의는 이깁니다. 멀지 않아 역사가 증명할 것입니다. 용기를 잃지 마십시오. 해뜨기 직전이 가장 춥고 어둡다는 말을 상기합시다.

남 선생님, 안타까운 심정 공감합니다. 저는 미국에 온 지 5년이 되는데 지난 5년 동안에 한국이 이렇게 갑자기 바뀐 것이 도저히 믿어지지 않습니다. 한국 사람들이 집단적으로 무언가에 씌인 것 같아요. 지난 몇 달간 이 의문을 풀어보려고 매일 정보를 찾고 생각을 했습니다. 요즈음엔 어렴풋이 그림이 보이는 듯해요.

중국이 경제력으로 초강대국이 되고 한국이 중국 경제권에 편입되어 중국의 시장지배를 받게 되면서 이 나라의 정치인·언론인·사법인·문화인·경제인들이 중국 자본에 현혹되어 '친중반미(親中反美)' 의식에 물들었고, 그 연장에서 문재인 식의 친중·친북·반미·반일 정치이념에 동조하여 촛불혁명에 동참하거나 방관한 나머지 아무 죄도 없는 박 대통령을 희생양으로 만들어 탄핵정변을 일으켜 친미·친일을 적폐로 몰고 친중·친북을 희망으로 내세워 문재인 정권을 세운 것입니다.

그러나 북한이 유엔 결의를 무시하고 핵무기와 ICBM을 개발하여 마침내 미국과 일본의 절체절명 주적(主敵)이 된 시점에서 문재인이 지난 70년간 한국을 지켜주고 키워준 동맹국 미국·일본을 배신하고, 수십 년간 주적이었던 중국·북한을 새로운 동맹국으로 삼겠다는 것은 어리석은 안보, 외교정책입니다. 왜냐하면 아무리 중국·북한이 경제적으로 부유하고 무력에서 강해도 진검승부를 하면 아직 미국과 일본의 적수가 되지 못하기 때문입니다. 중국은 결국 미국과 유엔의 압박에 굴복하여 미국의 북한제재에 동참, 자기 살 길을 찾을 것입니다. 중국이 배신하는 순간, 중국에 에너지와 식량을 의존하고 있는 북한의 김정은 정권은 몇 달을 버티지 못하고 무너질 거라는 게 많은 분들의 예측입니다.

그 때, 문재인 정부가 형제애·민족애를 발휘해서 중국 대신에 석유와 식량을 북한에 준다고요? 이는 짚단을 지고 불구덩이에 들어가는 어리석은 행동이지요. 당장 세계의 무역제재로 우리 자신의 석유 수입이 막힐 텐데요! 우리 국민들이 아무리 못나도 이런 어리석은 만행까지 용인할까요?

만일 그렇지 않고 중국이 끝내 미국·일본과 대결하는 길을 택한다면, 그 때는? 글쎄요. 저는 점쟁이가 아니라 모르지만 미국이 자기 주민들을 남한에서 대피 철수시킨 후, 공군과 해군력으로 북한의 핵과 미사일을 파괴하고, 필요하면 마지막에 특수부대를 침투시켜 빈 라덴이나 후

세인 잡듯이 김정은을 제거하지 않을까요? 전문가들 말이 중국·북한의 해·공군력은 아직 미국·일본의 해·공군력을 못 당하기 때문에 중국은 6·25 때처럼 참전하지 못하고 구경할 수밖에 없을 거라고 하던데 이 말이 맞다고 저는 봅니다.

6·25 때는 유엔군이 38선을 넘어 북한을 점령하고 남북통일을 시키려고 하니까, 미국과 국경을 맞대는 데 극도의 위협을 느낀 중국이 자위(自衛)를 내세워 참전했지만, 앞으로 있을 북한 공격은 남북한의 통일을 위한 것이 아니라 미국과 일본이 자신의 안전을 위해 북한의 핵무기와 김정은을 제거하는 데 그 목적이 있어, 중국으로서는 자위를 내세운 참전의 명분이 약하고, 미국이나 일본이 지상군으로 북한 땅을 점령하는 것이 아니라 폭격만 한다면 중국군이 참전해서 상대로 싸울 미국·일본의 병력이 없으니까 참전한다는 게 명분이 없잖아요?

북한에서 핵과 김정은이 제거되면, 백두혈통이 끊어진 북한의 권력층은 중심점을 잃고 모래성처럼 무너져 내리고 그 빈자리에는 지난 70년간 숨만 겨우 쉬며, 자유를 억눌림당했던 북한 주민들이 일어나 공산당 독재를 무너뜨리고, 민주주의·자유시장 체제를 지향하는 자신들의 정부를 세울 것이라고 저는 믿습니다.

그리되면 남한의 친중(親中), 친북, 진보, 좌파들은 주인 잃은 개가 되어 꼬리를 내리고 피를 피할 곳을 찾아 남한 땅을 방황하게 될 것입니다. 그때면, 우리 박 대통령은 대통령직에서 파면당한 범죄인에서 순교자·구세주가 될 것입니다.

남 선생님, 저는 우리 역사상 가장 뛰어난 지도자인 건국 대통령 이승만 박사, 애국 대통령 박정희 장군이 친중·친북 정책으로 대륙, 공산세력과 협상하지 않고, 친미·친일로 해양, 민주세력과 동맹을 맺은 것은 역사와 현실을 감정이 아니라 이성으로 정확히 읽었기 때문이라고 봅니다. 그리고 우리 역사상 최악의 폭군인 김일성·김정일·김정은 3대가 선택한 핵무기 공갈 정책은 이성을 잃고 감정과 사욕에 눈이 멀어 시대와 역사의 흐름을 거스른 자멸의 길이라고 봅니다.

그리고 우리 태극기 애국 시민들이 지난 겨울 그 추운 날씨에도 태극기와 성조기를 흔들며 애국 투쟁을 벌였고 지금도 얼핏 보기에 통로가 없는 암담한 현실 앞에 굴복하지 않고 계속 탄핵무효·구국 투쟁을 벌이고 있는 것은 결코 어리석거나 못나서가 아니라 겸허한 마음으로 사심 없이 진실과 정의를, 시대와 역사의 흐름을 따랐고 지금도 따르는 것이라고 믿습니다.

진실과 정의는 이깁니다. 멀지 않아 역사가 증명할 것입니다. 용기를 잃지 마십시오. 해뜨기 직전이 가장 춥고 어둡다는 말을 상기합시다.

- 2017. 7.

3

김정은은
정상인이 아니다

애국서신 ③: 결국 김정은의 종말은 시간문제입니다. 김정은을 편들어 김정은과 협상해야 한다고 외치는 사람들은 줄을 잘못 선 김정은의 세일즈맨입니다.

김정은이 금년 들어 하는 행동들을 보면 누가 보아도 제 정신이 아닙니다. 정상인이라면 75억 세계인들 앞에서, ICBM과 수소폭탄을 개발했다고 자랑하고 미국과 맞장 뜬다고 폼 잡는 그런 미친 짓은 안 하지요. 그렇게 폼 잡고 광고해서 얻는 게 무엇인가요? 미국, 일본이 무서워서 대접해 준다고요? 김정은이 핵과 미사일을 가졌다고 무서워서 벌벌 기는 사람들은 태생적으로 비겁한 사람들밖에 없어요.

남한의 주사파같이 비겁한 데다 IQ까지 모자라는 반미주의자들은 혹시 그를 영웅으로 모실지 몰라도 정상적인 사람들은 김정은을 통제 불능의 위험한 사람으로 보고 잡을 방법을 찾습니다. 세상에는 정상적인 사람들이 많기 때문에 제가 보기엔 김정은은 자기 목숨 보존하기 어려워졌습니다. 빈 라덴처럼 은밀히 9·11 테러라도 벌이고 죽으면 그래도 역사에는 이름이 남겠지만, 짖는 개는 물지 않는다고 김정은처럼 먼저 떠벌리는 사람은 아무 일도 못 합니다. 정상적인 사람들이 그 전에 잡아 버리지요.

결국 김정은의 종말은 시간문제입니다. 김정은을 편들어 김정은과 협상해야 한다고 외치는 사람들은 줄을 잘못 선 김정은의 세일즈맨입니다.

                                                  − 2017. 8. 1.

64년간 지속된 韓美동맹, 이제 운명을 다해 가는가?

北核 문제의 당사국은 한국이다. 당연히 한국 대통령이 주도적으로 이 문제를 해결해 나가야 하는데, 현재 文 대통령의 행보를 보면 이해가 안 되는 부분이 너무 많다. 북한의 ICBM 문제를 마치 남의 나라 일처럼 여기는 것 같기 때문이다.

나는 탄핵정변(政變)이 본격화 된 2016. 11. 30. 〈조갑제닷컴〉에 올린 시사 논평 첫 글에서 탄핵정변이 1960년대 중국에서 일어난 문화혁명의 복사판으로, 만일 박근혜 당시 대통령이 탄핵으로 물러나면 한국에 '10년 대혼란'이 일어날 것이라고 예언 아닌 예언을 하였다.

불행히도 나의 예언은 적중해가는 듯하다. 朴 대통령은 8:0이라는 세계 사법사(司法史)에 유례 없는 사법이변(異變)에 의하여 대통령직에서 쫓겨났다. 그후 아무런 사유도 없이 구속되고 형식적인 재판 절차를 거쳐 교도소에 수감되고 말았다.

그 와중에 문재인 씨는 41퍼센트의 득표로 대통령직에 올랐다. 촛불혁명으로 대통령에 당선되었음을 자처한 文 대통령은, 운동권 출신들을 요직에 앉히고 외교 무대에선 나라 이름을 '대한미국'이라고 쓰는 황당한 실수(?)를 저지르기도 했다.

2017년은 분명히 한반도 아니 더 나아가 동양의 역사가 바뀌는 해이다. 그 단초는 북한의 김정은이 만들었다. 북한은 핵폭탄과 ICBM 개발에 성공, 마침내 세계 최강의 군사력을 가진 미국과 세계 2~3위의 경제 대국 일본, 그리고 우리 대한민국을 위협하기에 이르렀다.

핵무기와 ICBM급 미사일은 다른 강대국도 보유하고 있는 걸로 안다. 그러나 북한은 다르다. 북한은 김일성·김정일·김정은의 3代 세습 독재 체제로, 김정은의 명령만 있으면 즉각 전쟁을 일으킬 준비가 되어 있는 집단이다. 이란·시리아 등 독재 국가와 친밀하여 이들에게 핵무기와 미사일을 팔 가능성이 농후하다.

게다가 김정은은 나이 30대의 젊은이다. 기분 나쁘면 자기 고모부, 이복형도 가차없이 죽이는 난폭한 기질이다. 이런 난폭한 젊은 독재자의 손에 핵폭탄과 ICBM이 있으니 그의 공격 대상이 되는 나라의 국민들은 모두 초긴장이 될 수밖에 없다. 평소 북한은 핵무기와 ICBM을 개발한 목적이 한국을 美 제국주의로부터 해방시키는 데 있다 했다. 그런 점에서 북한의 ICBM의 主타깃이 미국과 한국인 것만은 분명하다.

핵무기가 무엇인지 안다면 적어도 한국과 미국의 대통령은 그날부터 편안히 잠이 올 수가 없다. 미국의 트럼프 대통령은 북한의 ICBM 성공에 놀라 일본의 아베 수상에게 긴급 전화하여 장시간 대책을 논의하였다고 한다. 그런데, 한미(韓美) 정상간의 전화통화는 불발되었다고 한다.

이를 둘러싸고 여러 이견(異見)이 난무하고 있으나, 어쨌든 양 정상간 통화가 안 된 것은 팩트이다.

이 부분은 분명히 짚고 넘어가야 한다. 北核 문제의 당사국은 한국이다. 당연히 한국 대통령이 주도적으로 이 문제를 해결해 나가야 하는데, 현재 文 대통령의 행보를 보면 이해가 안 되는 부분이 너무 많다. 북한의 ICBM 문제를 마치 남의 나라 일처럼 여기는 것 같기 때문이다.

文 대통령은 방미(訪美) 이후, 입버릇처럼 韓美동맹의 결속을 강조해왔다. 그러나 북한의 ICBM 발사 이후, 문재인 정권의 대미(對美)외교를 살펴보면 정상적인 동맹관계에선 있을 수 없는 파열음이 곳곳에서 감지되고 있다는 게 전문가들의 評이다. 文 대통령은 韓美동맹을 바탕으로 북한 핵문제를 풀어나가야 한다. 그리고 동맹이란 것은 상호 신뢰가 기본이라는 걸 文 대통령은 알아야 한다.

韓美동맹의 운명이 차츰 불안해지고 있다. 64년간 지속된 韓美동맹이 2017년을 끝으로 그 단단한 고리가 끊어질까 두렵다. '10년 대혼란'이 시작되는 것 같다.

− 2017. 8. 3.

차가운 북서풍 앞에 벌거벗은 조국

탄핵정변으로 한국의 법치주의가 무너진 지금, 미국은 떠나가고 있고 그 자리를 핵무기로 무장한 북한과 중국이 메우려고 다가온다.

지난 30년 동안 국제정치에 일어난 가장 큰 변화는 소련의 몰락과 중국의 부상(浮上)일 것이다. 1945년 제2차 세계대전의 종전 이후부터 50년간 세계 지도를 동서로 나누어 미국과 패권을 겨루던 소련이 1990년 갑자기 몰락했다. 이후 급부상한 중국이 지난 30년 동안 일본, 독일을 앞지르고 미국을 바짝 추월하여 세계 1, 2위의 경제대국으로 성장하였다.

중국의 거대한 경제력을 장악한 중국 공산당은 그 경제력을 바탕으로 이웃 국가들을 지배하기 위해 중국의 군사력과 함께 중국의 문화적·정치적 영향력을 크게 키웠다. 특히 중국의 심장부인 황하와 양자강의 입구와 연결된 황해, 남해를 공동 소유한 남한은 중국이 꿈꾸는 세계 지배 전략의 제1차 목표가 되었다. 동북아 공정이 바로 그것이다.

지난 70년간 한미동맹 덕분으로 안보 비용을 줄여 고도의 경제 성장을 이룩하는 데 성공한 한국의 보수세력은 자만에 빠져 한미동맹의 깊은 의미를 잊어버렸다. 그들은 한국경제가 중국경제권에 편입되어 한국이 점차 중국의 정치적 영향권에 빠져 들어가는 것을 경계하기는커녕 오히려 앞다투어 경쟁적으로 친중파(親中派)를 자처하고 나섰다.

미국은 지는 해, 중국은 뜨는 해라는 인식이 전통적으로 친미였던 보수 세력들에게 널리 퍼져 나가면서 정치인, 언론인, 사법인, 문화인, 경제인들이 급격히 중국 자본에 현혹되어 친중파로 전향하였다.

한편, 전통적으로 반미였던 80년대 친북 운동권 세력들은 북한의 핵무기·미사일 개발을 공갈 수단이 아니라 '미 제국주의'에 대항하여 민족의 자주성을 지키는 신성한 민족의 핵무기로 인식하면서 최근의 핵폭탄 실험 성공과 ICBM 개발에 한껏 고무되었다.

전통적인 親美 보수에서 전향한 신보수(강남 보수)와 주체사상을 신봉하는 종북세력이 연합하여 세월호 전복사고와 최순실 비리를 빌미삼아 박근혜 대통령을 희생양으로 일으킨 문화혁명이 바로 탄핵정변이다.

언론과 사법을 장악해 처음엔 허위보도로 어리석은 국민을 선동하여 대규모 문화 집회를 일으키고, 그 다음에는 인민재판으로 엉터리 만장일치 판결로 반대파를 숙청하는 수법이 중국 공산당의 정치 반대파 숙청 과정과 그대로 닮았다. 역사·지리적으로 우리의 가장 가까운 이웃인 북한과 중국을 우리가 닮는 것은 어쩌면 자연스러운 일인지 모른다. 그러나 세계 역사를 보면, 약소국을 망하게 하고 괴롭힌 나라는 항상 먼 나라가 아니라 가까운 이웃 나라이다. 특히 이웃이 자기보다 지나치게 강대해지면 반드시 경계해야 한다.

이 진리를 깨우친 사람이 바로 건국대통령 이승만 박사이시다. 그렇기에 그는 이웃나라 북한, 중국, 일본을 경계하고 태평양 너머의 미국과 동맹을 맺은 것이다. 2000년 만에 처음으로 우리 민족이 아시아를 넘어 구미(歐美)와 동맹을 맺었다. 그의 이 탁월한 선견지명 덕분에 지난 60여 년간 우리 대한민국은 이웃 아시아 나라들의 침략을 걱정하지 않고 평화를 지키면서, 그 바탕 위에서 자유와 번영을 이룩하였다. 아마 지난 50년이 우리 민족이 단군 이래 가장 호사를 누린 시기였는지 모른다.

탄핵정변으로 한국의 법치주의가 무너진 지금, 미국은 떠나가고 있고 그 자리를 가까운 이웃 북한과 중국이 메우려고 다가온다. 둘 다 핵무기를 가진 나라이다. 특히 중국은 제2차 세계대전 이후 만주, 내몽고, 티베트를 점령하여 영토를 2배나 늘린 세계 최대의 침략 국가이다. 그리고 북한은 세계 역사상 가장 잔혹한 3대 세습의 독재국가이다.

뜨거운 가슴으로 이웃 국가, 같은 민족을 찾기 이전에 냉정하게 객관적·역사적 진실을 깨치고 눈을 떠야 한다. 핵무기도 없이, 동맹국 하나 제대로 없이, 벌거벗은 우리가 핵무기로 무장한 이 무서운 이웃들과 무작정 친구를 해서 과연 무엇을 얻을까? 우리와 우리 후손의 운명이 차갑게 몰아치는 북서풍 앞에 흔들리는 촛불처럼 마냥 불안하기만 하다.

− 2017. 8. 4.

다가오는 김정은의 末路,
우리는 무엇을 할 것인가?

만약 美日 연합군이 김정은 그리고 北의 核시설을 때린다면, 우린 美日 연합군 편에 설 것인가, 중국 편에 설 것인가?

핵무기와 ICBM 개발 성공에 만면의 웃음을 짓고 박수치며 즐거워하는 김정은의 어린아이(?)와 같은 표정을 보면, 핵무기를 무슨 장난감으로 알고 있는 것 아닌가 의심이 든다. 이 모습을 본 문재인 대통령은 어떤 생각이 들었는지 그것도 궁금하다.

핵무기가 무엇인가? 수백만의 인류를 죽이는 대량 살상(殺傷)무기이다. 인류의 공동의 敵이다. ICBM이란 무엇인가? 全세계 국가를 대상으로 하는 최고의 공격용 무기이다. 북한의 경우, 미국을 核 또는 세균 같은 대량 살상 무기로 공격하기 위한 수단이다. 지금까지 이 세계 어떤 나라도 공공연히 미국 공격을 목표로 ICBM을 개발하였다고 자랑한 나라는 없었다.

만일 미국이 이런 북한의 도발을 용인한다면 미국은 더 이상 세계의 지도국가가 아니다. 물론 미국은 북한의 ICBM 기습 공격시, 100배의 보복을 가해 평양 등 대도시를 완전히 초토화시킬 능력을 가지고 있다. 그러나 美 본토 기습의 가능성을 용인하는 자체가 美 국민에게는 허용되지 않는다. 북한의 핵·생화학 무기 앞에 벌거벗고 서서 민족애와 평화를 외치는 우리 국민들의 안보의식과 美 국민들의 그것은 근본적으로 차원이 다르다.

지금까지 국제적 컨센서스는 일단 북한 경제제재를 통한 북한의 핵·미사일의 자체 포기였다. 그러나 지난 수십 년간의 협상과 제재 노력이 다 실패하였기 때문에 이제는 누구도 이 주장이 위선(僞善)이고 무책임한 주장인 걸 다 안다.

그럼에도 국내외 親北학자·정치인들은 美北 평화협정이 대안이라고 주장한다. 미국이 북한을 한반도의 정통 정부로 인정하고, 美軍이 철수하면 북한이 핵무기와 미사일을 포기 내지 사용 자제를 약속한다는 주장이다. 이는 미국의 일방적 항복을 요구하는 것이다. 북한의 핵포기 약속이나 핵사용 자제 약속을 믿을 바보는 그런 주장을 하는 자들밖에 없을 것이다.

최근 북한의 후원자格인 중국에 경제제재(secondary sanction)를 가하는 방법이 유엔을 중심으로 이뤄지고 있다. 북한은 에너지와 식량을 중국에 의존하고 있어 중국이 에너지와 식량을 끊으면 북한의 김정은 정권은 몇 달을 버티지 못하고 무너질 것이라는 논리이다.

그러나 중국이 과연 순순히 말을 들을까? 설사 듣는다 하더라도, 중국이 미국 대신 북한의 ICBM을 제거해 주는 대가(代價)로 무엇을 요구할까? 이미 시진핑 중국 국가주석은 지난 4월 트럼프 대통령과의 정상 회담에서 한반도가 2000년간 중국의 속국이었음을 강조하였다고 한다. 그렇다면 중국이 무얼 요구할지는 미루어 짐작할 수 있다. 중국은 한반도를 자신의 잃어버린 고토(故土)로 간주하여 기회만 있으면 자신의 영토로 편입할 기회를 노리고 있다. 소위 '동북공정(東北工程)'이다. 역사를 정치에 이용하는 중국인의 오랜 정치 행태이다.

불행히도 미국과 유럽의 소위 진보 정치학자들, 심지어 미국 우선주의자들 중에도 미국은 더 이상 한국에 붙잡히지 말고 손을 떼는 것(cut Korea loose)이 전쟁을 피하는 최선의 길이라고 주장하는 목소리가 커지고 있다. 미국이 한국 내의 군사기지를 폐쇄하고 韓美동맹을 종결하면 중국이 김정은을 제거하는 데 나서고, 김정은 제거 후엔 美中 사이에 일종의 '힘의 균형'이 생겨 국제 갈등이 줄어든다는 논리다. 마치 조선 말의 '가쓰라-태프트' 비밀 협약 같은 것이다.

그러나 중국의 요구대로 미국이 한반도의 영향권을 중국에 넘겨 주고 주한 미군이 남한에서 철수한다 해도, 과연 중국이 북한의 김정은을 제거하고 핵무기를 없애는 약속을 지킬까? 중국이 한반도를 지배하게 되면 황해와 남해, 즉 우리의 서남해(西南海)는 완전히 중국 해공군(海空軍)의 작전 지역이 되어 일본 전체가 중국과 직접 국경을 맞대는 최전선이 될 것이다. 과연 일본이 이를 용인할 수 있을까? 결코 아니다. 그러면 결국 미국은 중국을 믿느니 차라리 일본과 연합하여 직접 북한을 공격, 핵과 미사일을 제거하는 작전으로 나갈 것이다.

먼저 한국에 거주하는 美 주민과 군대를 남한에서 대피·철수시킨 후, 일본 기지(基地)의 공군과 해군력으로 북한의 핵과 미사일을 파괴하고, 필요하면 특수부대를 침투시켜 빈 라덴이나 후세인 잡듯이 김정은을 제거하는 작전을 수행할 것이다. 북한은 땅이 큰 편이 아니라 이 작전은 비교적 단기간에 끝날 것이다. 중국은 김정은을 지키기 위한 반격을 단념하고, 국경선에 군대를 보내 수백만의 북한 피난민 유입을 막고, 김정은 없는 북한의 미래를 설계하는 데 골몰할 것이다.

美日 연합작전이 이뤄질 때 대한민국 정부가 안보의식이 강한 정부라면, 美日 연합군의 한 축이 되어 그 작전에 적극 동참, 김정은의 종말을 통일의 기회로 삼을 수 있을 것이다. 그러나 십중팔구 문재인 정부는 미국·일본의 군사작전에 반대할 것이고, 美日도 연합작전에 한국을 끼워주지 않을 것이다. 결국 한국인들은 100년에 한 번 오는 민족 再통일의 기회를 눈앞에서 놓치고, 100여 년 전 청일(淸日)전쟁, 러일(露日)전쟁 때의 조선 양반들처럼 팔장을 끼고 자기 땅에서 일어나는 세기의 작전을 멀뚱멀뚱 구경하는 관중이 될 것이다.

100년에 한 번 올까말까 한 이 역사적 전환점에서 우리가 단지 구경꾼으로 남지 않으려면 무엇을 해야 할 것인가? 각자 스스로에게 물어보자.

− 2017. 8. 5.

백두혈통 끊어서
새 역사 만들자

미국이 김정은을 제거하기 전에 우리 손으로 김정은을 제거하여야 한국인은
세계인의 존경을 받는 자주민족이 될 수 있다.

김정은의 후계자가 없는 상태에서 핵과 김정은이 제거되면, 백두혈통이 끊어진다. 그러면 김일성·김정일의 백두혈통을 정통성의 근거로 하는 북한의 현 권력층은 모래성처럼 일시에 무너진다. 그리고 그 빈 자리에는, 지난 70년간 숨만 겨우 쉬며 자유와 재산을 박탈당했던 북한 주민들이 일어나, 노동당의 독재·배급체제를 무너뜨리고 민주주의·자유시장 체제를 지향하는 자신들의 정부를 세울 것이다.

물론 그 과정에서, 지난 수십 년간 온갖 특권을 누리며 동족을 괴롭혔던 김일성 교단의 수많은 노동당 간부들이 처형될 것이고, 수십만 수백만의 피난민이 중국이나 휴전선으로 몰려갈 것이며, 보트피플이 수천·수만 명 발생할 것이다.

그러나 유엔의 주도하에 세계 각국의 식량, 의약품, 땔감, 에너지 등 생필품의 원조가 북한에 밀려갈 것이며 질서유지를 위한 평화유지군의 파견도 있을 것이다. 어쨌든 끈덕진 우리 민족의 생명력 덕분에 수년 내에 질서와 안정이 북한에 찾아올 것이다. 그리고 북한은 마치 6·25 사변 휴전 후 남한이 한 것처럼 경제발전을 이룩하여 번영할 것이다.

남한은? 김정은이 없는 남한의 주사파들은 주인 잃은 개가 되어 꼬리를 내리고 비를 피할 곳을 찾아 중국으로 망명하거나 아니면 남한 땅을 방황하게 될 것이다. 김정은이 없어지면, 인민을 굶기면서도 핵과 미사일, 그리고 수백만의 군대로 남한과 미국을 불바다로 만든다고 큰소리 치는 북한의 전쟁 광기(狂氣)가 사라진다.

그리고 북한의 김일성·김정일·김정은 3대 독재가 민족주의이고, 이승만·박정희는 친미(親美), 친일(親日)의 앞잡이라고 황당하게 역사를 조작하는 집단 광기가 한반도에서 사라진다. 그때야 비로소 남한사람들은 헬조선의 집단 콤플렉스에서 벗어나 자신들의 지난 70년 역사가 친미·친일의 부끄러운 역사가 아니라, 미국·일본을 친구로 만들어 선진문명을 흡수하고 피땀을 흘려 세계 20위의 선진경제와 민주주의를 단기간에 이룩한 세계 속의 자랑스러운 역사이었음을 깨닫고, 김일성 배지 대신에 이승만·박정희의 배지를 떳떳이 달며 세계인 앞에 당당히 고개를 드는 정상적인 한국인이 될 것이다.

그리 되면 진실과 정의·법치가 남한땅에 돌아오고, 남한에서 북한 헌법을 적용하여 죄도 없는 대통령과 재벌 회장을 잡아 가두고 징역을 살리는 쓰레기 언론과 정치재판 판·검사의 횡포와 만행이 끝날 것이다.

더 나아가 북한과 남한은 마치 동·서독이나 중국·대만처럼 서로의 체제를 존중하며 서신, 물자, 자본의 교류와 동시에 인적 왕래도 하고 연방정부의 수립도 논의하게 될 것이다.

통일은 결코 어느 일방이 강제할 수 없다. 해서도 안된다. 서로가 필요하고, 사랑할 때 이루어진다. 마치 남녀 결혼처럼.

남북 분단이 문제가 아니다. 분단을 이성이 아니라 잔혹한 3대 세습 독재와 핵무기로 해결하겠다는 김일성 집단의 광신과 그 광신을 민족주의로 정당화시키는 남한의 집단 광기가 문제이다. 이 집단 광기의 뿌리가 바로 김일성의 백두혈통이다.

김정은이 없어져야 백두혈통이 끝나, 한국인은 집단 광신·광기에서 해방된다. 그래야 남북한 사이에 진정한 대화가 이루어진다.

김정은의 종말은 남북한 7천만을 붙잡고 있는 불행한 광신과 집단 광기의 종말을 의미한다. 동시에 새로운 한국 역사의 밝은 시작을 의미한다. 하루속히 백두혈통의 종말로 한민족에게 자유와 평화 그리고 통일이 오기를 고대한다. 미국이 김정은을 제거하기 전에 우리 손으로 김정은을 제거하여야 한국인은 세계인의 존경을 받는 자주민족이 될 수 있다. 그것이야말로 안중근(安重根)을 백 배 능가하는 최고의 애국이다.

－ 2017. 8. 7.

대한민국이 추악한 배신자로
기억되지 않으려면!

미국이 북한을 공격한다면, 우리도 이에 적극 찬성해 역사의 승자가 되어야 한다.

한국의 많은 사람들이 북한의 核과 미사일을 미국이 해결해 주기를 바란다. 그러면서도 미국이 북한을 공격하면, 북한이 대한민국에 보복 폭격을 하여, 대한민국이 막대한 인적·물적 피해를 입기 때문에 미국의 북폭(北爆)을 반대하는 딜레마에 빠져 있다. 딜레마를 해결하는 방법은 이슈를 해체해서 엉킨 부분을 찾아 풀어 나가는 것이다. 필자는 다음과 같이 열 개 정도로 정리해 보았다.

첫째, 미국의 북한 공격은 대한민국 국민을 공포로부터 해방시키거나 북한을 독재에서 해방시키기 위한 것이 아니다. 오로지 미국의 안전을 지키기 위한 미국의, 미국에 의한, 미국을 위한 군사 작전이다. 대한민국이 원한다고 하는 것도 아니고 대한민국이 반대한다고 못하거나 안하는 것도 아니다.

둘째, 이번 작전은 미국의 안전을 직접 위협하는 北核과 미사일 및 김정은 일당(유엔 결의 위반자)의 제거를 통해 미국의 안전을 회복하는 것이 목적이다. 이와 같이 제한된 목적을 가진 예방작전(preventive operation)을 전면 전쟁이나 선제공격(preemptive attack)으로 확대 해석하면 안 된다.

셋째, 미국의 해공군력과 정보력은 세계 최강이다. 세계 2~3위의 경제력과 5위의 군사력을 가진 일본이 연합하면 그 능력은 배가(倍加)된다. 북한의 핵과 미사일 제거에 대해서는 세계의 여론이 압도적으로 찬성이라 영국 등 전통적으로 미국과 가까운 나라들이 동조할 것이다. 중국과 러시아가 북한 공격에 반대하지만 그렇다고 북한의 핵과 미사일을 지키자고 연합군들에 맞서 무력을 쓸 가능성은 없다.

넷째, 미국이 북한을 공격하면 북한은 그간 개발한 핵과 미사일을 사용하여 미국·일본에 반격을 시도할 것이다. 그러나 북한의 핵과 미사일은 미국 예방공격의 첫 타깃이므로 공격 초반에 대부분 파괴될 것이다. 북한의 남아있는 軍 자산도 계속되는 美日의 공중·해상 봉쇄로 사용해볼 기회가 없을 것이다. 이번 작전은 美日의 예방 공격으로 북한만 당하고 美日은 경미한 피해를 받는 일방적 작전이 될 것이다.

다섯째, 미국의 예방작전은 얼마나 걸릴까? 전면전이 아니므로 오래 걸리지는 않을 것이다. 핵과 미사일이 파괴되고 반격의 찬스가 없어지면, 북한의 내부분열로 김정은은 자체 제거될 가능성이 크다.

여섯째, 미국이 북한을 공격하면, 북한의 지상군과 대한민국 내 친북(親北)세력은 대한민국 내의 미군 관련 시설이나 일반 시민을 인질잡는 등 게릴라 공격을 할 것으로 보인다. 그렇기 때문에 미국은 사전에 자국(自國) 물자와 사람을 안전시설이나 안전지대로 대피시킬 것이다. 이는 모든 예방공격에서 군사작전의 상식이다.

일곱째, 이번 작전의 최대 문제는 미국의 동맹국 대한민국의 태도이다. 대한민국의 서울은 북한과의 거리가 1시간밖에 안 되어 쉽게 北 장사포의 타깃이 될 수 있다. 물론 미국도 이 점을 고려하여 북한의 장사정포를 사전에 파괴할 것이다. 그러나 수천 문의 대포를 전부 파괴하기는 힘들다. 북한의 포(砲) 공격으로 대한민국이 상당한 피해를 입을 수 있다. 현대전은 공중전이다. 공중과 해상이 봉쇄된 상태에서 북한의 전면 공격은 자살 행위이다. 따라서 전면 공격은 불가능하다. 대한민국의 소란을 노린 게릴라戰이 고작일지 모른다. 현재 대한민국은 인구가 두 배이고 경제력이 수십 배다. 군사장비도 월등하다. 6·25 사변 때처럼 일방적으로 밀리지는 않는다. 대한민국이 이긴다는 자신감이 무엇보다 중요하다.

여덟째, 그런데도 대한민국이 입을 피해가 두려우면, 한국이 미국과의 동맹을 철회하고 중립을 선언하면 된다. 한국 내 기지 사용을 거부하고 미군에 철군을 요구하는 것이다. 이리 되면 대한민국은 역사상 가장 추악한 배신자로 기억될 것이다.

아홉째, 그러나 대한민국이 韓美동맹을 철회하기 전에 미국이 먼저 韓美동맹을 종료할 가능성이 더 크다. 현재 미국의 트럼프 정부와 대한민국의 문재인 정부는 서로를 믿지 않는다. 미국은 십중팔구 미국의 물적·인적 자원을 미리 대한민국에서 철수하고, 대한민국을 예방 작전에서 배제할 것이다.

열째, 미국이 공개적으로 韓美동맹을 철회하고, 한반도에서 철수하면 북한이 대한민국을 보복하여 공격할 명분은 없다. 그래도 북한이 대한민국을 게릴라戰으로 공격하면? 그것은 대한민국 국민이 각자 결정할 일이다. 목숨을 버리고 가족과 이웃을 지키든지 아니면 싸우지 않고 항복하여 북한과 민족통일 하든지.

조언; 어차피 반대할 수 없는 일이라면 대한민국은 미국의 북한 공격에 적극 찬성, 동참하여 역사의 승자가 되어야 한다. 일본은 사무라이의 나라이기 때문에 명치유신 이후 이 원칙을 지켜 세계의 강국이 되었다. 이번에도 일본은 미국의 연합군이 되어 승리의 열매를 따먹고 아시아의 강자(强者)로 부활할 것이다.

대한민국도 70년의 동맹국 미국이 自國의 안전을 위해 결단하는 이번 작전에 적극 동참하는 것이 동맹국의 도리이다. 다소의 게릴라戰 피해를 감수하고 작전에 참여하면, 김정은의 패망 시 북한 주민들과 힘을 합쳐 통일정부를 만들 기회를 가질 수 있게 된다. 통일이 안 되어도 최소한 북한의 핵과 미사일 위험으로부터 남북한이 해방된다. 한미동맹은 다시 살아나, 대한민국의 안전과 번영이 향후 수십 년은 보장된다.

이상이 북한 공격에 대한 나의 생각이다.

— 2017. 8. 9.

4

미국이 북폭(北爆)이란 기회를 놓친다면!

北核과의 공존은 '평화의 길'이 아닌 '3차 大戰'으로 가는 지름길!

미국은 북한 핵공갈에 넘어갈 것인가?

문재인 대통령은 미국의 北爆에 반대만 할 셈인가?

이재용 뇌물죄 유죄 선고는 사법만행이자 원님재판

조선시대 원님재판이 21세기 한국에서 일어나다니!

미국이 북폭(北爆)이란 기회를 놓친다면!

우리는 南北분단으로 인해 불행한 게 아니다! 北의 독재체제와 核공갈 때문에 불행한 것이다!

1980년대 말, 소련 패망 직후부터 북한의 김일성과 김정일은 핵무기 만이 자기 정권을 지키고 남북을 통일할 수 있는 유일한 카드라고 믿어 '고난의 행군' 와중에도 핵개발에 올인하였습니다.

그때 미국의 클린턴 대통령은 김정일 정권을 인정해 주고, 에너지를 주는 대신 핵개발(당시엔 핵무기의 원료가 되는 플루토늄 농축)을 중단 하는 소위 6자 회담 협상을 하여 북한의 기만에 속아 넘어갔습니다. 북 한이 독자적으로 핵폭탄 개발에 성공 못할 것으로 보고 시간을 기다린 것이지요. 설사 핵폭탄 만들기에 성공하더라도 미국에 위협이 되려면 대 륙간 탄도미사일이 있어야 되니까 그때 가서 해결해도 된다고 여유를 부 린 것이지요.

부시 때도 마찬가지입니다. 북한 정권이 오래 못 갈 것으로 보고 시간을 벌려고 한 것이지요. 부시는 취임 후 얼마 안 되어 9·11 사태가 터져 온 관심이 무슬림 테러범 잡는 데 쏠려 북한 문제는 뒷전이었습니다. 오바마 때에 와서도 마찬가지입니다. 오바마는 부시가 벌인 中東의 아프가니스탄·이라크 두 전쟁을 뒷수습하느라고 지친 것이지요. 제 생각에 부시는, 자기가 세 개의 전쟁을 다 할 수는 없다고 보고 북한 핵문제는 후임자에게 숙제로 넘겨주기로 작정한 것 같습니다.

부시 행정부나 오바마 행정부 모두, 북한이 공공연히 실행하는 핵실험과 미사일 개발을 지켜보면서도 경제제재라는 미온적이고 형식적인 제재만 취하였습니다. 북한 공격시 남한이 입을 피해를 핑계로 내세워 무대책이 상책이라는 소위 '방임정책'을 공식으로 발표하는 실수를 하는 바람에, 북한은 마음 놓고 공개적으로 핵실험·미사일 실험을 할 수 있었습니다.

마침내 북한은 2017년 미국, 러시아, 중국, 인도에 이어 세계 5위의 완벽한 核미사일 보유 국가가 되는 데 성공했습니다. 결국 지난 24년간 클린턴, 부시, 오바마 세 정부가 '수건 돌리기'를 하여 미루고 미룬 북한 核문제 과제가 마침내 트럼프에게 떨어진 것입니다. 지금 김정은은 기고만장하여 트럼프와 완전히 맞짱을 뜨고 있습니다. 여기서 트럼프가 앞의 세 대통령처럼 말만 하고 북한의 핵무기와 미사일을 파괴하지 않으면 미국은 완전히 종이호랑이가 됩니다.

全세계의 反美세력, 자칭 평화세력은 총 동원되어 문재인과 김정은의 협상 결과에 따르라고 미국을 압박하고 있습니다. 만일, 트럼프가 이에 넘어가 북한 공격을 실기(失機)하면 미국은 문재인과 김정은이 벌이는 협상의 결과를 마냥 지켜보며 기다려야 하는 볼썽사나운 들러리가 되고 맙니다.

미국은 태평양에서 밀려나 일본의 동맹국으로 뒷전에서 구경하는 뒷방 신세가 됩니다. 트럼프가 내세운 '메이크 아메리카 그레이트 어게인(Make America Great Again)'은 코미디가 되고 트럼프는 거짓말쟁이가 되어 재선(再選)에 실패, 코미디언으로 여생을 살겠지요. 그런데 과연 미국의 트럼프가 상황이 그 지경까지 이르도록 가만히 보고만 있을까요? 일본은 이런 상황을 재빨리 간파하고, 곧이어 핵무장 선언을 할 겁니다.

지금 문재인 대통령은 트럼프의 對北 경고를 그저 못 본 체하고 있습니다. 만약 한국 정부가 김정은의 요구대로 연방제와 美軍 철수, 그리고 수십억 달러 배상에 합의하면, 미국은 남북협상을 존중하여 최소한 한국에서 철군할 수밖에 없습니다. 그리 되면 남북한은 연방국가가 되어 김정은 수령의 핵무기 아래, 소위 민족 통일을 이룩하고 세계 5大 핵강국이 됩니다. 대한민국이란 국호도 버려야 되겠지요.

통일 조선이 세계 核강국 대열에 오르면, 두려움의 대상이 되니 좋은 일이라고 말하는 사람도 있습니다. 한민족이 연방국가로 통일이 되면 동서독처럼 강국(强國)이 되고 행복해진다고 말하는 사람도 있습니다. 모두 다 환상입니다. 예멘은 남북이 연방제로 통일해서 어떻게 되었지요?

남한은 분단 때문에 불안하고 불행해진 것이 아닙니다. 북한의 독재체제와 核공갈 때문에 불안한 것입니다. 진실과 정의(正義), 법치가 없어 서로 갈등과 분열을 확대 재생산하기 때문에 불행한 것입니다.

진실과 정의, 법치가 사라져, 국민의 80퍼센트가 권력자의 기쁨조가 되거나, 아니면 권력자가 무서워 두려움 속에서 말도 제대로 못하고, 박근혜 대통령이나 이재용 부회장처럼 죄(罪)도 없이 구속되어 재판받고, 교도소 가고, 누명과 억울함 속에서 살아야 되는 나라라면, 저는 아무리 민족이 통일되고 세계의 核강국이 되어도 그런 나라의 국민으로 사는 게 하나도 부럽지 않을 것 같습니다. 차라리 실향민(失鄕民)이 되어 이국(異國)에서 떠돌며 조국의 광복을 위해 싸우다 죽겠습니다.

- 2017. 8. 12.

北核과의 공존은 '평화의 길'이 아닌 '3차 大戰'으로 가는 지름길!

北核에 대한 책임은, 核무기 만들 자금을 북한에 대준 우리에게도 있다. 이제 어리석음과 게으름, 비겁함에서 깨어날 때이다.

1. 1980년대 말 소련 패망 직후부터 북한의 독재자 김일성·김정일은 핵무기만이 자기 정권을 지키고 남북을 통일할 수 있는 유일한 카드라고 믿어 수백만의 국민을 굶겨 죽이면서 국부(國富)를 쏟아 부어 핵무기 제조에 올인하였다.

美 클린턴 대통령(1993~2001)은 임기 초, 무력으로 북한 영변 核시설을 공격, 파괴하는 카드를 검토하였으나 바로 접고 말았다. 나중엔 김대중 대통령의 햇볕정책을 지지하는 듯한 모습을 보여주었다. 김대중의 햇볕정책은, 가난이 모든 문제의 근원이니까 북한을 잘 살게 도와주면 북한이 핵무기 개발을 포기한다는 이른바 당근정책이다.

햇볕정책으로 기사회생한 김정일이 죽자 아들 김정은이 그 뒤를 이었다. 한국과 미국이 준 돈과 에너지로 아슬아슬하게 정권 붕괴의 위기를 넘기고 살아남은 북한정권은 마침내 핵폭탄을 제조하는 데 성공하였다. 북한은 피 한 방울 흘리지 않고 횡재를 한 셈이다. 반면 미국은 얻은 게 아무것도 없다. 이득을 본 것은 북한뿐이다. 아니 한 사람 더 있다. 김대중 대통령이 황당한(?) 햇볕정책에 힘입어 노벨평화상을 받은 것이다.

2. 부시 대통령(2001~2009) 때 미국은 北核보다 더 심각한 9·11 테러를 만났다. 미국은 빈 라덴 등 무슬림 테러범을 사살하기 위해, 아프가니스탄·이라크 두 전쟁을 치르는 데 모든 자원을 투입하였다. 북한 핵문제는 북한 정권이 오래 못 갈 것이라는 그릇된 정보판단 때문에 몇 년간 미국의 주요 정책에서 밀렸다. 우리나라는 김대중 대통령의 뒤를 이어 노무현이 대통령이 되어 김대중의 햇볕정책을 계승하였다. 그 와중에도 북한은, 한국과 미국을 공갈하며 '기생충 경제체제' 내지 '공갈 경제체제'를 완성시켰다.

3. 오바마 대통령(2009~2017) 때도 미국은 中東의 아프가니스탄·이라크 두 전쟁을 뒷수습하는 데 첫 4년을 보내고, 다음 4년은 중동의 봄과 시리아 사태, 우크라이나 사태를 수습하고 현상 유지하는 데 대부분의 시간을 보냈다. 북한이 공공연히 실행하는 핵실험과 미사일 개발을 지켜보면서도 경제제재라는 미온적이고 형식적인 조치만 취하였다. 북한은 마음 놓고 핵실험을 자행, 마침내 핵무기와 미사일 보유국이 되었다.

4. 지난 24년간 클린턴, 부시, 오바마 세 정부가 '수건 돌리기'처럼 미루고 미룬 북한 핵문제가 마침내 트럼프에게 떨어졌다. 트럼프 대통령은

취임 후 중국의 시진핑 주석을 만나 북한 핵 제거가 그의 임기 최대 현안임을 공표하였고, 지난 4월에는 항공모함 두 척을 한반도 해상에 보내 전세계에 미국의 무력옵션을 가시화시키는 데 성공했다. 지난 24년간 협상과 경제제재 통한 北核 해결이 사실상 실패, 이제는 무력사용을 옵션으로 선택할 수밖에 없음을 전세계에 알린 셈이다.

그러나 지난 20여 년간 계속된 미국의 미루기와 남한의 햇볕정책에 익숙해진 김정은은 예상대로 트럼프의 경고 메시지를 무시하고, 지난 7월28일 사정거리 1만 킬로미터를 넘는 대륙간 탄도미사일을 성공적으로 쏘아 올렸다. 그 미사일에 장착할 소형 핵탄두도 만들었다는 게 정설(定說)이다. 미국의 심장인 뉴욕, 워싱턴을 핵무기로 초토화 시킬 능력을 전세계에 과시한 것이다. 이런 잔혹한 독재자 손에 핵과 ICBM이 들어간 것은 세계 역사상 처음 있는 일이다. 3차 세계대전의 어두운 그림자가 지금 세계를 덮고 있다. 어떠한 대가(代價)를 치르더라도 김정은의 핵과 미사일을 제거하여 세계의 평화를 지켜야 한다.

5. 지금 한국에는, 김대중·노무현의 햇볕정책과 대북(對北) 포용정책을 사실상 계승·지지하는 문재인 대통령이 이른바 촛불혁명으로 정권을 잡은 상태다. 文 대통령은 지난 8·15 경축사에서 사실상 미국의 북한 공격을 반대한다는 입장을 공표했다. 러시아의 푸틴, 중국의 시진핑도 미국의 이러한 입장에 선뜻 동의하지 않는 모양새다. 미국 내 소위 평화주의자들도 반대 입장을 분명히 하고 있다.

이러한 반대론자들의 공통적인 이유는 아이러니하게도 평화다. 무슨 이유의 전쟁이든 반대한다는 것이다. 물론 이는 표면적인 이유, 즉 구실에 불과하다. 실제 반대하는 이유는 자신들의 숨은 이해관계 때문이다.

6. 이들의 반대 이유 중 하나는 미국이 북한을 공격하면, 북한이 휴전선에서 40~60여 킬로미터 떨어진 수도 서울에 보복 공격을 가하여 서울 시민 수백만을 살상(殺傷)할지 모른다는 것이다. 김정은이 보복 공격을 안 한다고 단정할 수 없으므로 가설이 틀렸다고 할 수는 없다. 그러나 이 가설엔 몇 가지 모순이 있다.

우선, 김정은이 그렇게 보복 공격을 하면 서울 시민들이 아무런 대비나 대피를 하지 않고, 또 미군(美軍)이나 우리 국군이 아무런 반격도 하지 않고 북한이 마음대로 공격하도록 방임을 한다는 전제에서 출발한다. 상식적으로 맞지 않다. 내가 아는 상식적인 시나리오는 그와는 반대다. 미국은 예방공격을 함에 있어 북한의 장사정포와 미사일을 공격 초기에 대다수 파괴할 것이다. 미국은 예방 공격에 앞서 한국 국민들에게 충분한 예고기간을 줄 것이다. 따라서 서울 시민들은 미리 대피할 곳을 만들고, 대피 훈련할 충분한 시간적 여유를 가질 것이다. 서울 시민의 피해는 크게 줄일 수 있다. 이런 예고를 주어도 대피하지 않고 훈련하지 않는다면, 그것은 누구를 비난해야 할까? 미국이 아니다. 북핵(北核)에 대한 책임은, 햇볕정책으로 핵을 만들 자금을 북한에 대준 우리에게도 있다.

심지어 반대론자들은 북한이 핵무기로 서울을 불바다로 만들지 모른다고 두려워한다. 그러나 과연 이 세상의 모든 부와 미인(美人), 그리고 최고 권력을 가진 독재자 김정은이 서울 시민의 목숨과 자기 목숨을 바꿀까? 내가 보기엔 非현실적이다.

정녕 북한의 보복이 두려우면, 한국인들은 미국과의 동맹을 철회하고 미국의 공격에서 빠지면 될 것이다. 미국도 그런 상황에서 동맹을 고집할 이유는 없을 것이다. 합의로 동맹이 해소되면, 미국은 오히려 부담없이 북한 공격을 실행할 수 있다. 물론 북한의 핵이 제거된 후에 미국이 문재인 정부 이후의 정권과 동맹을 새로 맺는 것은 충분히 가능할 것이다. 남한 피해론은 틀린 이론은 아닐지 몰라도 어디까지나 우리의 선택사항이다. 미국이 그것 때문에 북한 공격을 못하는 이유가 되지는 않는다.

7. 반대론자들의 두 번째 이유는 무조건 전쟁은 나쁘니까 협상을 하여야 한다는 것이다. 좋다. 반대론자들이 말하는 대로, 미국이 김정은과 평화협상을 한다고 가정하자. 김정은이 바라는 것은 무엇인가? 돈이 아니다. 미인도 아니다. 그에게는 너무 많은 돈과 美人이 있다. 누구도 그의 권력을 부정하지 않는다. 유엔의 경제제재를 중단하는 것? 노벨평화상? 그런 것들이 김정은이 바라는 협상카드가 아니다. 그가 가장 바라는 것은, 美軍이 남한에서 철수하는 것이다. 미국이 한국에서 철수하면 김정은의 핵과 미사일은 지구상에서 저절로 사라지나? 당연히 아니다. 약속은 언제든 깨어진다. 특히 김정은 같은 잔혹한 독재자의 약속은 믿는 사람이 정신병자이거나 바보이다.

8. 반대론자들은 또 말한다. 지금까지 미국은 핵과 미사일을 가진 중국, 러시아 같은 독재 국가들과 수십 년간 평화스럽게 살았다. 그런데

북한이라는 핵보유국이 하나 더 늘었다고 해서 미국이 달라질 게 없지 않느냐고 반문한다. 중국과 러시아는 미국, 영국, 프랑스와 함께 유엔과 세계를 좌지우지하는 강대국이지만 북한은 200여 개 군소국가 중 하나다. 미국이 중심이 되어 5개 강국이 만든 핵확산금지 룰(rule)을 독재자 김정은의 협박에 못 이겨 미국 스스로가 깬다면, 미국은 세계 선도국가란 지위에서 추락하고 만다. 그 위에 서 있는 현재의 세계 경제체제, 정치체제, 안보체제가 모두 바뀌어 세계는 대혼란에 빠진다.

9. 미국이 북핵(北核)을 용인한다면 다음과 같은 일들이 벌어질 것이다.

첫째, 대한민국이 김정일의 핵우산으로 들어가는 길을 택할 가능성이 높아진다.

둘째, 일본은 미국의 핵우산이 구멍 뚫린 우산인 것을 알고 미국의 핵우산을 벗어나, 자체 핵무장을 하려 할 것이다.

셋째, 대만·베트남·필리핀·인도네시아도 연쇄적으로 자체 핵무장을 할 것이다. 심지어 이란·시리아도 이스라엘에 대항하여 핵무장을 하려고 시도할 것이다. 반대론자의 논리대로 하면 미국은 이들의 핵무장도 북한의 핵무장과 마찬가지로 반대하여 막을 아무런 이유와 명분이 없다.

넷째, 70년간 미국이 지켜온 핵확산 금지의 원칙이 완전히 무너지고 세계는 핵폭탄의 지뢰밭이 된다. 3차 대전의 위험성이 급격히 높아진다.

다섯째, 미국은 한반도에서 철군하고 나아가 태평양 바다를 일본, 중국, 인도, 베트남, 대만, 필리핀 등 아시아의 신흥 핵강국들에 넘겨주고 1945년 이전의 고립주의 아메리카로 돌아가게 될 것이다.

10. 반면, 미국이 北核을 무력(武力)으로 파괴하면 어떤 일이 벌어질까?

첫째, 미국은 김정은의 노골적인 핵공갈 협박에서 해방된다.

둘째, 한국과 일본도 마찬가지다. 韓美日 동맹이 강화되어 중국의 태평양 지배 야심이 꺾인다.

셋째, 북한의 잔혹한 3代 독재가 끝나고 개방적인 경제체제가 들어와 미국 경제에 유리하다.

넷째, 2500만 북한 주민이 70년의 장기 독재에서 해방되어 자유와 시장경제의 달콤함을 맛보게 된다.

11. 김정은은 이미 핵무기, 미사일의 개발을 끝내고 보유한 상태라 협상을 통한 비핵화는 시기적으로 늦었다. 이제는 강제로 핵무장을 해제하는 것, 즉 북폭(北爆)으로 파괴하는 길밖에 없다. 다행히 아직은 개발 초기라 대량화가 안 되어 있어, 단 며칠 만의 폭격으로 파괴가 가능하다고 전문가들은 말한다. 北爆이 늦으면 늦을수록 제거가 힘들고 덩달아 美軍의 피해도 커질 것이다. 북한과의 핵공존은 평화의 길이 아니라 팍스 아메리카가 끝나 세계가 3차대전으로 가는 지름길이다. 이제 미국과 세계는 어리석음과 게으름, 비겁함에서 깨어날 때이다!

— 2017. 8. 15.

미국은 북한 핵공갈에
넘어갈 것인가?

북한 핵무장 승인은 판도라의 상자를 여는 것이다. 미국은 북한을 예방공격하여 무력으로 북한의 핵을 제거할 것이다.

1. 트럼프가 북한 핵을 예방공격한다고 하니 독일, 러시아, 중국의 국가 원수들이 모두 나서서 한 목소리로 반대한다. 미국 내에서도 민주당 의원 67명이 행정부에 공개서한을 보내 핵전쟁으로 번질 수 있는 북한 공격은 절대 안 된다고 충고하고 나선다. 남한의 문재인 대통령도 한반도에서 전쟁은 안 된다고 목소리를 높이고 있다. 그러면 미국은 끝내 북한 공격을 단념할 것인가? 아니다. 이유는? 저들 말대로 트럼프가 북한을 공격하지 않고 북한의 핵과 미사일을 공식으로 용인하면 결과가 어찌 되나 한번 생각해 보자.

2. 우선, 한반도에 바로 인접한 일본은 미국의 핵우산이 구멍이 많이 뚫린 종이 우산인 것을 알고 미국의 핵우산을 치우고, 자체의 핵무장

을 할 것이다. 그러면 동북아는 중국, 러시아, 일본, 북한의 4개국이 모두 핵보유국이 되고 남한은 그 한복판에 벌거벗고 선다. 남한도 핵무장하면 동북아는 5개국 모두 핵무장하여 세계에서 핵전쟁 위험이 가장 큰 지역이 된다. 대만, 베트남, 필리핀, 인도네시아도 연쇄적으로 자체 핵무장을 할 것이다. 심지어 이란, 시리아도 이스라엘에 대항하여 핵무장을 하려 할 것이다. 아시아가 핵무기 밀집지역이 되는 것이다.

미국은 태평양 바다를 일본, 중국, 인도, 베트남, 대만, 필리핀 등 아시아의 신흥 핵강국들의 각축장으로 넘겨주고, 1945년 이전의 고립주의 아메리카로 돌아갈 것이다. 결국 핵확산금지 조약이 무너지고, 팍스 아메리카나(Pax Americana)도 끝난다. 그러면 그 위에 서 있는 현재의 세계 금융체제, 경제체제, 정치체제, 안보체제가 모두 바뀌어 세계는 대혼란에 빠진다. 북한 핵무장 승인은 판도라의 상자를 여는 것이다.

3. 지금까지 역사에서 스스로 패권을 내려놓은 패권국가는 없다. 핵확산 금지와 팍스 아메리카나는 동전의 앞면과 뒷면이다. 미국은 어떤 위험이 있더라도 결코 북한의 핵보유를 승인하지 않는다. 그런 용감한 정신 때문에 미국이 오늘의 패권국가가 된 것이다. 미국은 북한을 예방 공격하여 무력으로 북한의 핵을 제거할 것이다.

4. 조언: 미국의 북한핵 파괴에 적극 동참하여 핵 없는 한반도를 만드는 것이 그나마 오늘날 남한인이 누리고 있는 평화와 번영을 지키는 길이다.

− 2017. 8. 15.

문재인 대통령은 미국의 北爆에 반대만 할 셈인가?

北爆 반대론에는 미국이 입을 유무형의 피해는 전혀 고려되지 않고 한국의 피해만이 상정(想定)되어 있다. 미국의 선제공격시, 미국에 어떤 이득이 돌아갈지 한국도 고려할 필요가 있다.

1. 2017년 7월 28일 미국의 핵(核) 항공모함이 바로 한반도 앞바다에서 지켜보는 가운데 북한 독재자 김정은은 사정거리가 1만 킬로미터가 넘는 ICBM을 성공적으로 쏘아 올렸다. 그 미사일에 탑재할 소형 핵탄두를 만들 능력도 있다고 한다. 김일성, 김정일, 김정은 3代 독재자 집안의 오랜 소원이 성취된 셈이다. 이제 북한은 미국, 러시아, 중국, 인도에 이어 核과 ICBM을 다 갖춘 나라가 되었다.

2. 김정은 같이 잔혹한 30대 독재자 손에 미국의 운명이 달린 것은 美 역사상 처음 있는 일이다. 미국은 어떠한 대가(代價)를 치르고라도 김정은의 核과 미사일을 제거하여 미국의 안전과 평화를 지킬 것으로 보인다. 트럼프가 취임하자마자 무력으로라도 김정은의 核과 미사일을

제거하겠다고 선언한 것은, 美 대통령으로서 당연한 일이다. 국민의 안전을 지키는 게 국가의 목적이고, 대통령의 가장 첫 임무이기 때문이다.

3. 중국과 러시아는 전통적으로 북한의 후원국가이니까 북폭(北爆)에 대해 반대하는 것은 이해가 간다. 정말 이해가 안 가는 것은 北核 위협에 가장 직접 노출되어 있고, 미국의 64년 동맹국인 대한민국의 대통령 문재인 씨다. 文 대통령은 미국의 북한 공격에 사실상 반대 입장을 피력했다. 文 대통령은 지난 번 8·15 경축사를 통해 한반도에서 어떠한 전쟁도 일어나면 안 된다며 미국의 북한공격을 사실상 반대했다. 문재인 대통령은 김대중, 노무현의 햇볕정책을 지지·계승한 정치인이다. 그런 점에서 그의 北爆 반대는 예상되었다. 하지만 반대의 강도가 예상을 뛰어넘는 수준이라는 게 일반적인 평가다.

4. 이러한 반전론자(反戰論者)들의 北爆 반대 논거로 표면상 내세우는 논리는 대한민국 영토가 피해를 볼 수 있다는 것이다. 미국이 북한을 폭격하면, 북한은 휴전선에서 40~60여 킬로미터 거리에 떨어진 인구 1000만의 서울에 장사정포나 核미사일로 보복 공격을 가해 수백만 서울 시민이 피를 흘릴 것이므로 (미국의) 선제공격에 반대한다는 것이다. 얼핏 보면 우리 국민의 안전을 생각해 반대하는 것으로 보일 수 있다. 이 반대론에는 다음의 여덟 가지 모순이 있다.

첫째, 미국의 안전은 동맹국 대한민국의 안전이기도 하다. 한국이 미국의 안전을 외면하면 미국도 한국의 안전을 외면한다. 핵 없는 한국이 어떻게 북한핵으로부터 안전을 지킬 수 있을까?

둘째, 북한의 보복 공격시엔 미국과 한국이 수십 배 보복할 수 있는 반격능력이 있다. 그런데도, 과연 김정은이 보복 공격을 할까? 김정은의 마음에 달린 문제이다. 상식적으로 반격 능력이 크면 클수록 공격 의욕이 줄어든다고 한다. 따라서 확률적으로는 김정은이 보복을 못할 개연성이 더 크다.

셋째, 김정은이 그렇게 보복 공격을 할 경우에 대비하여, 서울에 대피시설을 만들고 훈련하면 피해를 얼마든지 줄일 수 있다. 반대론은 우리 국민들이 아무런 대비를 하지 않은 채 북한이 마음대로 공격하도록 방임(放任)한다는 이상한 가설을 전제로 하고 있다.

넷째, 이 반대론은 미국이 선제공격으로 북한의 대포와 미사일을 초기에 대다수 파괴하여 북한이 효율적인 보복공격 능력을 상실할 수 있다는 고도의 개연성도 무시하고 있다.

다섯째, 심지어 반대론자들은 북한이 핵무기로 서울을 불바다로 만들지 모른다고 두려워한다. 그러나 이는 본말이 바뀐 것이다. 그런 핵공격의 가능성 때문에 미국이 북한의 핵을 사전에 제거하려고 선제 공격하는 것이다. 나는 독재자 김정은이 자기 생명에 비하면 하찮은 서울시민의 목숨과 자기 목숨을 바꾸지 않을 것이라고 본다. 김정은은 수많은 돈과 미인(美人)을 데리고 중국으로 망명할 개연성이 훨씬 높다고 생각한다.

여섯째, 정녕 북한의 보복이 두려우면, 한국인들은 미국과의 동맹을 철회하고 미국의 공격에서 빠지면 된다. 미국과 한국의 동맹이 해소되면, 북한이 한국을 보복할 이유는 없다.

일곱째, 한국 피해론은 한국 사람들의 전쟁 반대 이유가 될지는 몰라도 그것 때문에 미국이 북한의 상습적인 핵공갈을 인내할 이유는 못 된다. 일본도 마찬가지다.

여덟째, 남한 피해를 이유로 중국, 러시아, 독일 등 외국인들이 공격을 반대하는 것은 반대의 구실이다. 다른 목적이 있다.

5. 세상의 모든 전쟁엔 피해와 이득이 공존하는 법이다. 따라서 북한 공격의 찬반을 결정할 때에는, 미국과 한국 양자(兩者)를 살펴보고 비교하여야 한다. 현재 제기되는 北爆 반대론에는 미국이 입을 유무형의 피해는 전혀 고려되지 않고 한국의 피해만이 상정(想定)되어 있다. 아울러 미국의 선제공격시, 미국에 어떤 이득이 돌아갈지 한국도 고려할 필요가 있다.

6. 한국이 입을 피해만을 생각해 문재인 대통령 등이 北爆 반대론을 펴는 것은 (미국의) 북한 공격을 반대하기 위한 하나의 구실이라고밖엔 생각이 안 된다. 김정은의 核과 미사일은 미국이나 한국의 국익(國益)에는 아무 도움이 안 되고 김정은에게만 이익이 되는 인류 공동의 적(敵)이다. 대한민국 대통령이 인류 공동의 敵을 제거하는 데 반대하는 것을 대한민국 헌법은 허락하지 않을 것이다. 우리 국민들은 國益을 외면한 문재인의 이념 선동에 넘어가지 말고, 미국의 北爆에 협력하여, 한반도 비핵화를 통한 자유평화통일을 이룩하기 바란다.

- 2017. 8. 18.

이재용 뇌물죄 유죄 선고는
사법만행이자 원님재판

근대 법치국가에서 형사재판은 피고인의 억울함을 밝히는 것이 첫 번째 목적이다. 그런데 이번 재판을 보면 우리나라 법관들의 재판 목적은 검찰이 입증하지 못한 피고인의 유죄를 자신들이 원님재판으로 유죄를 만드는 데 있는 것 같다.

삼성 이재용 부회장 5년 중형 판결을 보고 생각한다.

1. 어제 서울중앙지법에서 삼성의 이재용 부회장에게 5년의 징역형을 선고했다. 설마 했는데 역시나이다. 죄명은 뇌물공여죄 등 다섯 가지이다. 뇌물공여죄의 요지는 이재용 부회장이 박근혜 대통령에게 삼성 회장직 승계를 청탁하고 그 대가로 최순실의 딸 정유라의 승마훈련을 위해 수십억 원의 돈을 최순실에게 주었다는 것이다.

2. 그러나 이 판결은 완전히 조선시대의 원님, 사또재판이다. 아래에서 보자.

먼저 뇌물죄가 성립되려면 비공무원이 공무원에게 공무원의 직무와 관련하여 업무에 관련한 청탁을 하여야 한다. 다음에 그 청탁내용이 부정하여야 한다. 박영수 특검은 이재용 부회장이 삼성그룹 회장직 승계의 협조를 박 대통령에게 청탁한 것이 뇌물죄의 성립 근거라고 기소했다. 그러나 삼성은 그런 청탁을 한 적이 없다고 다툰다.

그러면 누가 보아도 법원이 먼저 할 일은 과연 이재용 부회장이 박 대통령에게 회장직 승계를 부탁하였다는 합리적으로 의심할 여지가 없는 증거를 검찰이 제출했는지 여부를 판단하는 것이다. 법원은 먼저 특검의 직접증거가 충분히 없다고 판단했다. 그러면 판결은 이미 난 것이다. 청탁을 입증할 직접증거가 불충분하므로 원칙적으로 무죄이다.

3. 그런데 우리 법원은 여기서 끝나지 않는다. 검찰이 낸 직접증거는 없지만 정황증거로 보니까 박 대통령이 '개괄적으로' 알고 있었다는 것이다. 여기서 법원이 트릭(꼼수)을 쓰고 있는 것이다. 사건의 쟁점을 〈이재용 부회장이 청탁을 했느냐 아니냐〉에서 〈박 대통령이 개괄적으로 알았냐 아니냐〉로 멋대로 바꾼 것이다. 다시 말해, 박 대통령이 개괄적으로 알았으니까 이재용 부회장이 청탁을 했다라고 간접적으로 범죄요건 사실을 유죄로 인정하는 트릭(꼼수)을 쓴 것이다.

결국, 쟁점(ISSUE)의 주체, 내용을 바꿈과 동시에 유죄 증거의 기준도 의심의 여지가 없는(BEYOND REASONABLE DOUBT), 엄격한 입증기준에서 법관의 자유심증('개괄적으로 알았다 아니다'는 아무런 인정 기준이 없으니 완전히 법관의 자유심증이다)으로 대폭 낮춘 것이다. 물론 이는 위법이다. 위헌이다.

(삼성의 회장직 승계 이슈는 경제신문에 다 난 뉴스인데 박 대통령이

알았으면 이재용 부회장이 죄가 되고 몰랐으면 죄가 안된다니 이것이 도 대체 무슨 논리인가? 도저히 이해가 안된다.)

4. 이는 마치 헌재에서 재판관들이 국회의 탄핵소추 사실은 인정이 안되지만 자신들이 보기에 박 대통령이 검찰조사에 불응한 것이 헌법위 반이라고 스스로 소추한 후, 대통령직에서 파면한 것과 꼭같은 재판 패턴이다. 법관이 검찰을 대신하여 직권으로 쟁점을 바꾸고 그 다음에 바 뀐 쟁점을 직접 증거가 아니라 정황증거라는 이름 아래 법관의 자유심 증을 가지고 유죄를 때린 것이다. 장구 치고 북 치고 완전히 법관 마음 대로이다.

5. 삼성 회장직 승계는 어디까지나 삼성그룹의 업무이지 대한민국 정 부 특히 대통령의 직무범위에 속하지 않는다. 삼성그룹의 회장직 승계는 삼성의 주주가 정한다. 삼성 주식의 과반수는 외국인이라고 아는데 어 떻게 대한민국 대통령이 삼성 회장직 승계를 결정할 수 있겠나?

정부나 대통령의 업무권한이 아니니까 삼성에서도 박 대통령에게 청 탁할 리가 없다. 그래서 청탁한 적이 없다는 이재용 부회장의 설명은 아 주 상식적이다. 그런데 법원은 이런 상식을 다 무시하고 정황으로 보아 서 개괄적으로 회장직 승계 문제를 박 대통령이 알면서 만났기 때문에 청탁을 받았다고 억지를 부리는 것이다. 알고 모르고도 본인의 의사나 증거와 관계없이 법관이 자유심증으로 결정한다니 참으로 기막힌 독선 이다.

6. 다음으로, 뇌물죄가 되려면 직무와 이득간에 대가 관계가 있어야

한다. 대가관계의 인식 즉, 고의가 있으려면 박 대통령이 이재용 부회장에게 삼성 회장직 승계를 이렇게 이렇게 도울 테니 그 대신 이재용 부회장은 최순실에게 이러이러한 금액을 이렇게 이렇게 주라는 구체적 내용에 대해 상호간의 합의나 공모가 있고 그런 합의나 공모가 위법하다는 점에 대해 인식이 있어야 하는 것이다. 단순히 원인·동기·계기를 만드는 추상적인 말이나 행동이 있다 하여 그것을 무조건 범죄의 〈고의〉가 있다고 판단하는 것은 〈고의 없이 범죄 없다〉는 근대법의 기본정신을 완전히 무시한 것이다. 그런데 이번 판결을 보면 이재용 부회장의 〈고의〉 여부는 처음부터 쟁점에서 빠져 있다. 판결문에도 아무 언급이 없다. 형법 제13조(범의)는 완전히 무시되고 있다.

7. 끝으로, 뇌물죄가 성립되려면 공무원에게 직무 관련한 이득의 제공이 있어야 한다. 다시 말해, 공무원이 이득을 직접 받거나 아니면 이득을 제3자에게 주어야 한다. 이 사건에서 공무원은 박근혜 대통령이다. 그런데 박 대통령은 삼성으로부터 직접 또는 최순실을 통해 돈을 받은 것이 한푼도 없다. 누구에게도 최순실에게 돈을 주라고 요구한 사실이 없다. 최순실이 이재용으로부터 돈 받은 것을 박근혜 대통령이 사전에 알았다는 어떤 증거판단이나 사실판단 자체가 없다. 돈거래는 삼성과 최순실간에서 이루어졌다. 그런데 최순실은 공무원이 아니다. 공무원이 아닌 사람에게 공무원이 알지도 못하는 방법으로, 알지도 못하는 시기에, 알지도 못하는 금액의 돈을 준 것은 공무원의 직무 관련 범죄인 뇌물공여죄가 될 수 없다. 그런데 이런 점들은 판결에서 아예 처음부터 무시

되고 있다. 이 부분이 박근혜 대통령을 뇌물수수죄로 얽기 위한 수순인 것 같다.

8. 판사들은 판결문에서 삼성재벌과 대통령 권력간의 불법한 정경유착이라며 중형선고를 정당화시킨다. 그러나, '정경유착'이란 용어는 언론의 용어이지 법률가의 용어가 아니다. 대한민국 법전 어느 곳에도 '정경유착'이라는 범죄구성 요건은 없다. 헌재가 '국정농단'이라는 조선시대 탄핵용어를 대한민국의 범죄로 부활시켜 박근혜 대통령을 대통령직에서 파면하더니 이제 형사법원은 '정경유착'이라는 언론 용어를 뇌물죄의 상위규범으로 승격시켜, 죄도 없는 삼성 이재용 부회장을 정경유착죄로 처단하고 있는 것이다.

9. 근대 법치국가에서 형사재판은 피고인의 억울함을 밝히는 것이 첫번째 목적이다. 그런데 이번 재판을 보면 우리나라 법관들의 재판 목적은 검찰이 입증하지 못한 피고인의 유죄를 자신들이 사또, 원님재판으로 유죄를 만드는 데 있는 것 같다.

10. 세계에서 한국인임을 자랑스럽게 만드는 삼성그룹의 이재용 부회장을 아무런 증거도, 법리도 없이 뇌물공여죄의 파렴치한 범죄인으로 낙인을 찍어 감옥에 가두는 사법만행을 시대에 뒤떨어진 사법양반들이 멋대로 저지르고 있다. 한국의 법치주의가 죽었음을 다시 한번 확인한다. 우리 모두 심각하게 사법혁명을 소리쳐야 할 때이다.

— 2017. 8. 26.

조선시대 원님재판이
21세기 한국에서 일어나다니!

법관이 헌법에 위배된 판례를 만들어 무고(無故)한 시민을 처벌하는 것은 직권남용이고 탄핵사유이다!

1. 며칠 전 서울형사법원에서 삼성의 이재용 부회장에게 5년의 징역형을 선고했다. 이 재판을 보고 어느 분이 이런 메일을 보냈다.

"형사재판에서는 evidence beyond reasonable doubt가 있을 때만 유죄판결을 하게 되어 있는 것으로 압니다마는 이번 재판에서는 박 대통령과 이 부회장 간에 '이심전심'으로 '뇌물수수'가 이루어졌다는 이유로 5년 징역이라는 말이 안되는 처벌을 했습니다.

판사가 이제는 독심술 내지는 관심술(觀心術)까지 동원하여 판단을 하는 이 현실에 아연실색하지 않을 수 없습니다. 거미줄이라도 얼기설기 걸어서 무조건 감옥살이를 하도록 하는 것이 지상목표인 검찰의 전횡(專橫)으로부터 무고한 피고를 보호해줘야 할 판사가 부화뇌동하는 것입니다. 상급심에서 이성적이고 공정한 판결이 내려지기를 바랍니다. 삼성의 미래에 큰 지장을 초래할 것이 우려됩니다."

2. 이번 판결의 문제점을 정말 날카롭게 지적했다. 뇌물죄는 공무원의 직무에 관한 범죄이다. 구체적으로는 비공무원이 공무원에게 공무원의 직무와 관련하여 청탁을 하는 행위와 그 대가로 이득을 주는 행위, 이 두 개의 행위로 구성된다. 이 두 개의 행위가 소위 뇌물죄의 객관적 구성 요건이다. 박영수 특검은 이재용 부회장의 청탁행위로서 이재용 부회장이 삼성그룹 회장직 승계의 협조를 박 대통령에게 청탁하였다고 기소했다. 그러나 이재용 부회장은 그런 청탁을 한 적이 없다고 다툰다. 박근혜 대통령도 그런 청탁을 받지 않았다고 말한다. 한 사람은 대한민국 최대 그룹 삼성의 부회장이고, 한 사람은 직전 대통령이다. 이런 고도의 신빙성을 가진 두 당사자의 말이 일치하면 특별한 반대 정황 증거가 없는 한, 이 두 사람의 말을 진실로 믿는 것이 재판의 상식이다.

3. 뿐만 아니다. 삼성그룹은 정부 기업이 아니라 사유기업이며 상장기업이다. 특히 외국인이 지분의 과반수를 보유한다. 따라서 그 회장직 승계는 대한민국 정부 특히 대통령의 직무 범위에 속하지 않는다. 쉽게 말해 결재 사항이 아니다. 따라서, 다른 사유라면 몰라도 그런 사유를 이재용 부회장이 박 대통령에게 청탁할 이유가 없다. 그런 점에서 회장직 승계를 청탁한 사실이 없다는 이재용 부회장의 진술이나 그런 청탁을 받은 적 없다는 박근혜 대통령의 진술은 모두 합리적이다.

또한 특검도 이 두 당사자(피고인)의 말을 뒤집을 문서(예컨대 메모)나

증인은 없다고 인정했다. 그러면, 무죄를 선고할 수밖에 없는 것이다. 이 것이 건전한 법률상식이다.

4. 그런데 법원은 상식을 거부했다. 두 피고인의 진술을 뒤집을 문서 나 증인은 없지만, 박 대통령이 이재용 부회장과 면담 당시 삼성의 이건 희 회장이 중병이라 이재용 부회장의 회장직 승계가 삼성의 최대 현안이 라는 것을 개괄적으로 알고 있을 정황(개연성)이 있으니까 뇌물공여죄가 된다고 판결했다.

비공무원의 청탁 행위가 없어도 청탁하고 싶은 내용을 공무원이 개괄 적으로 인식하였으면 실제로 그 내용을 청탁한 것과 마찬가지로 뇌물공 여죄가 성립된다는 것이다. 소위 '이심전심(以心傳心) 뇌물죄'라는 기상 천외한 판례를 창안하여 뇌물죄의 성립 범위를 대폭 확대한 것이다.

5. 법적으로 말하면 이 판결은 근대 법치주의의 기초인 증거재판주의, 죄형법정주의, 자기 책임의 원칙을 모두 부정하는 것이다. 쉽게 말하면 조선시대의 원님재판, 사또재판을 21세기 대한민국에서 부활시킨 것이 다. 아래에서 설명한다.

〈박 대통령이 삼성회장직 승계 문제를 알고 있었다〉는 사실 내지 명제 (命題)와, 〈이재용 부회장이 삼성회장직 문제를 청탁하였다〉는 사실 내 지 명제(命題)는 엄연히 주어(主語)가 다르고 카테고리가 다르다. 전자 (前者)는 공무원(박근혜 대통령)의 내부 인식이고 후자(後者)는 비공무 원(이재용 부회장)의 외부 행동이다. 근대 형법에서 형벌의 대상이 되는 것, 즉 범죄가 되는 것은 사람의 외부행동(말이나 행위)이지 내부 생각이나 인식이 아니다. 그런데 이 사건에서 판사가 정황증거로 인정했다는 것은 전자(前者) 즉 인식이지 후자(後者) 즉 행동이 아니다. 그리고, 후자(後者)는 아무 정황증거도 없이 인정되었다. 그것도 공무원(박근혜)의 인식 때문에 비공무원(이재용)이 처벌된 것이다.

그러면, 이재용 부회장은 자기가 아닌 남 때문에 처벌된다. 그것도 외부 행동이 아닌 내부 생각 때문에 처벌된다. 더 나아가 정황증거도 없이 처벌된다.

결국 이번 판결은 사람의 행동이 아닌 생각을 처벌한 것이므로 죄형법정주의에 위배된다. 또한 자기가 아닌 남의 생각을 처벌대상으로 하였으므로 자기 책임의 원칙에 위배된다. 끝으로 정황증거도 없이 처벌한 셈이므로 증거재판주의 원칙에 위배된다.

6. 형사재판은 범죄요건 사실을 입증할 책임이 전적으로 검사(檢事)에게 있다. 검사가 제출한 증거가 부족하면 무죄가 된다. 그런데 이번 사건은 검사가 제출한 증거가 부족한데도 판사가 새로운 판례를 만들어서 처벌했다. 이는 판사가 절대 중립을 지켜야 된다는 사법의 당사자주의 원리에 위배된다. 또한 피고인은 검사의 유죄 증거가 충분하여 유죄 판결을 받을 때까지 무죄 추정을 받아야 한다는 무죄 추정의 원칙에도 위배된다.

7. 삼성의 이건희 회장이 중병이라 이재용 부회장의 삼성 회장직 승계가 삼성그룹의 중요 현안(懸案)이라는 정도의 정보 내지 지식은 대한민국의 국민은 거의 모두가 아는 상식이다. 그런데 이 국민 상식을 박근

혜 대통령이 알았다고 하여 이재용 삼성 부회장이 유죄가 된다니 이것도 재판인가? 법관이 헌법에 위배된 판례를 만들어 무고(無故)한 시민을 처벌하는 것은 직권 남용이고 탄핵 사유이다. 만일 이런 위헌적인 재판이 항소심에서 유지된다면 대한민국의 사법은 정녕 끝이다.

8. 일반 국민들은 이런 엉터리 재판이 어디 있느냐고 흥분인데, 변호사 단체와 법조인들은 모두 꿀먹은 벙어리이다. 사법시험에 합격한 사람들은 모두 같은 양반(兩班)계급이라 일반 상민(常民)들과는 법치의식이 다른 것인가? 참으로 이상한 나라의 엘리스이다.

- 2017. 8. 27.

5

한번 배신자는
영원한 배신자

애국서신 ④: 애국시민 여러분, 이제 우리는 더 이상 정치인·언론인·검사·판사 이런 비겁한 거짓말쟁이들을 믿지 맙시다.

태극기 애국시민 여러분!

여러분의 영원한 동지 김평우 변호사입니다. 오랜만에 미국에서 서신으로 인사드립니다. 지난 겨울 차가운 눈바람 속에서도 박근혜 대통령의 탄핵을 막아보고자 태극기를 흔들며 매주 이곳 대한문 광장에 모여 목이 터져라고 여러분과 함께 탄핵무효, 국회해산, 특검해산, 대한민국 만세를 외쳤던 기억이 생생합니다.

보람도 없이 박근혜 대통령은 대통령직에서 파면이 되셨습니다. 그것도 모자라 저들은 저들보다 수백 배 깨끗한, 대한민국 역사에 가장 순결한 우리나라 최초의 여성 대통령 박근혜에게 수백억 뇌물죄라는 더러운 누명을 씌워 감옥에 가두었습니다. 오늘로서 그분이 구속된 지 5개월입니다.

저들은 박근혜 대통령을 감옥에 가두어놓고서, 후다닥 선거를 치러 문재인을 대통령 자리에 앉혔습니다. 지난 5월 9일 선거는 저들의 말대로 촛불혁명에다 합법성의 옷을 입히기 위한 장식이었습니다. 우리 태극기 애국시민들은 저들의 들러리 선거에 동원된 소모품이었습니다.

시간이 흐를수록 우리는 더욱 더 또렷이 깨닫고 있습니다. 박근혜 대통령이 아무 죄도 없다는 것을, 저들의 국회탄핵이 얼마나 졸속한 소추이었는가를, 박영수 특검의 수사와 기소가 얼마나 허황된 사실과 증거의 조작이었는가를, 그리고 헌법재판소의 8대 0 파면 결정이 사전에 짜여진 각본에 따라 진행된 정치판결·인민재판이었다는 것을.

얼마 전, 이재용 삼성 부회장에게 내려진 5년 징역형은 '이심전심(以心傳心) 뇌물죄'라는 세계 재판사에 부끄러운 엉터리 판결로서 이 나라 법관들이 어떤 부류의 사람들인가를 다시 한번 확인시켜 주었습니다.

거기에 더하여 얼마 전, 자유한국당에서 박근혜 대통령을 당에서 쫓아내기로 한다는 발표를 듣고 깊은 실망을 금할 수 없습니다. 박근혜 대통령을 배신하고 탄핵소추를 찬성한 과거의 잘못을 뉘우치고 홍준표 대표 아래에서 새출발하여 문재인의 거대 여당과 싸워주기를 기대했건만 석고대죄는커녕 박근혜 대통령을 다시 한번 배신하는 모습을 보니 역시 '한번 배신자는 영원한 배신자'입니다.

애국시민 여러분, 이제 우리는 더 이상 정치인·언론인·검사·판사 이런 비겁한 거짓말쟁이들을 믿지 맙시다.

저들은 이기심과 권력욕으로 가득찬 조선시대의 양반들입니다. 저들은 말로는 거창하게 '민족·민주·인민'의 삼민주의(三民主義)를 외치면서 실제는 북한의 지도자들처럼 국민의 혈세로 편하게 자기와 자기 패거리들의 배를 대대손손 불리다가, 나라가 위급해지면 싸울 생각은 않고 가족들 데리고 달아나기 바쁜 조선시대의 붓쟁이 양반들입니다.

여러분 이 나라의 주인은 우리입니다. 비록 나이 들고 힘이 없지만 진실이 무엇이고 정의가 무엇이며 애국이 무엇인가를 아는 태극기 애국시민 여러분이 바로 이 나라를 영원히 지킬 이 나라의 주인입니다. 북한의 3대세습 독재자 김정은이 핵과 미사일로 공갈친다고 무서워서 북한에 돈 주고 달래자는 겁쟁이 양반들이 아닙니다. 중국에 가서 살려달라고 빌자는 사대주의자(事大主義者)가 아닙니다. 우리는 우리의 혈맹 미국과 힘을 합쳐 김정은의 핵과 싸웁시다. 미국이 우리를 버린다면 우리끼리 뭉쳐서 싸웁시다. 김정은이를 죽이고 나 죽는다는 심정으로 똘똘 뭉칩시다.

우리에게는 건국 대통령 이승만 박사가 계시고, 애국 대통령 박정희 장군이 있습니다. 반공포로 석방하고, 5·16 혁명을 일으켜 오늘의 이 나라를 만드신 두 분의 구국영웅이 있습니다. 그리고 이 두 분의 지성과 용기, 애국심을 이어받은 박근혜 대통령이 계십니다.

전쟁이 나면 저도 늙었지만 미국에서 달려오겠습니다. 총 들고 싸우겠습니다. 아, 나의 사랑하는 조국 대한민국 영원하리라!

– 2017. 8. 31.

남한이
멸망하는 방법

애국서신 ⑤: 북한이 재래식 무기로 연평도나 백령도를 기습·점령하고 바로 휴전을 제안하고 나오면 미국이 핵무기나 전면전으로 북한을 보복할까?

미 공군 합참 차장보를 지냈던 토마스 맥이어니 예비역 공군 중장이 폭스(FOX)뉴스와의 인터뷰에서 "김정은이 서울을 폭격하면, 미국의 완전한 핵 반격으로 북한은 15분 만에 초토화 될 것"이라고 말했다. 많은 한국 사람들이 이 미국 장군의 말을 듣고 한국에서 전쟁이 안 날 거라고 믿는 것 같다. 나는 다르다. 미국이 15분 만에 북한을 초토화시킬 능력이 있다는 것은 미국이 북한에 대해 핵으로 보복 공격을 한다거나 전면전으로 보복한다는 전제가 아닐까?

북한이 남한을 핵공격하거나 전면 남침하여 미국시민이나 미군이 많이 사상(死傷)한다면 미국도 핵이나 전면전으로 북한(평양)을 폭격하여 보복할지 모른다. 그러나 북한이 재래식 무기로 연평도나 백령도를 기습 점령하고 바로 휴전을 제안하고 나오면 그때도 미국이 핵무기나 전면전으로 북한을 보복할까? 아닐 것이다.

남한이 전면전을 각오하고 반격하지 않으면 미국이 앞장서 보복하지 않는다. 왜냐하면 북한이 미국에 대해 핵으로 미국 본토를 공격할 능력이 있기 때문에 미국도 전면전을 각오하기는 결코 쉽지 않다. 북한이 ICBM과 수소폭탄을 만들어 미국을 협박하는 것은 미국을 공격하기 위한 것이 아니라 남한을 야금야금 공격했을 때 미국이 남한을 위해 보복을 못하게 막기 위한 것이다. 한국인들은 이걸 모르는 것 같다.

문재인은 북한이 연평도나 백령도를 기습 점령했을 때 전면전으로 되찾자고 나설 사람이 아니다. 협상으로 되찾겠다고 나올 거다. 물론 비겁과 문약에 젖은 한국의 젊은이들은 80퍼센트가 지지할 것이고 그러면 북한은 연방제를 하자고 나오고 미군은 철수할 거다. 몇십 년 뒤 북한이 서울을 공격하면 남한은 서울을 대전으로 옮길 거고 이렇게 점점 남으로 몰리다 결국 남북이 통일될 거다. 그래서 남한은 종말을 고한다.

중국의 역사를 보면 인구와 군대, 재력이 수십 배인 부유하고 문화가 발달한 송(宋)이 오랑캐에 망할 때 이렇게 야금야금 팔다리부터 뜯어 먹히다가 마지막엔 목을 물려 숨을 잃었다. 인구도 많고 부유하지만 문약한 나라가 저보다 인구도 적고, 문화도 뒤지고, 가난한 나라에 망하는 방법이다.

— 2017. 9. 4.

남한 멸망의
시나리오

김정은에게 절호의 공격기회가 왔다. 서해도서를 공격하면 필승이다.

  1. 북한은 이미 10여 년 전부터 남한을 핵무기로 공격할 수 있는 능력을 가졌다.

  북한은 김정일 시절에 이미 핵폭탄 실험을 다섯 차례나 성공하였다. 그리고 수백 킬로미터 사정거리의 단거리·중거리 미사일 발사도 성공하여 시리아와 이라크, 파키스탄 등에 수출까지 하였다. 정확하게 말하면 이미 10여 년 전부터 북한은 핵폭탄으로 DMZ에서 불과 50여 킬로미터 밖에 안 떨어진 남한의 수도 서울을 잿더미로 만들 공격 능력이 있었다. 서울까지의 거리가 너무 짧아 남한은 어떤 미사일로도 북한이 쏜 공격 미사일을 중도에 맞추어 떨어뜨리는 것이 불가능하다(사드는 고공요격이라 북한의 단거리 미사일 공격에는 대응이 안 된다).

2. 남한은 북한핵을 숙명으로 받아들인다.

그런데도 남한 사람들은 지난 10여 년간 북핵을 파괴하고 제거하려는 어떠한 노력도 하지 않았다. 이스라엘과는 너무나 대조적이다. 이스라엘은 1980년대부터 적대국 시리아, 이라크, 이란이 핵무기의 원료인 우라늄 농축시설을 짓기만 해도 그 건설 과정에서 예방공격을 하여 파괴하였다. 인명손실도 아주 적고 피해도 크지 않으니까 세계는 아무런 관심도 없다. 당한 나라도 몰래 만들다 들킨 것이라 당하고도 오히려 쉬쉬한다. 남한의 태도는 파키스탄과도 대조적이다. 파키스탄은 인구 10억의 인도가 핵을 가지자 바로 핵을 자체 개발하여 인도의 핵에 대응하였다. 동맹국 미국이 반대해도 막무가내였다.

3. 남한은 북한 핵무기에 대한 방어 전략이 전혀 없다.

핵무기 공격에 대하여 방어미사일로 물리적 대응하는 것은 성공률도 낮고 가격도 비싸며 기술적으로도 지극히 제한적이다. 핵무기에 대한 일반적인 대응전략은 가상 적국의 10배 정도의 핵 보복 공격 능력을 과시하여 공격자의 공격 의지를 사전에 억제하는 소위 심리적 대응 전략이다(10배의 보복력 공식은 냉전시절 소련이 미국을 선제 공격하여 미국의 핵무기를 파괴하더라도 미국이 소련보다 10배의 핵무기를 가지고 있으면 소련이 감히 미국을 공격할 엄두를 못 낼 거라는 전제에서 나온 공식이다—소위 맥나마라 공식). 그런데 남한은 자체 핵무기가 아예 없다. 북한의 핵공격에 대하여 아무런 방어수단도 없고, 보복수단도 없다. 그대로 벌거벗었다.

4. 북한의 핵무기는 '남한 침략-민족통일'이 목적이다.

북한은 핵무기로 미국과 전쟁하자는 것이 아니다. 핵무기로 일본 공격하자는 것도 아니다. 김정은은 바보가 아니다. 미국이나 일본을 핵공격하면 미국이나 일본이 10배의 핵 보복으로 북한을 초토화시킬 능력과 의지가 있다는 걸 잘 안다. 자기가 죽는데 왜 공격하겠는가? 북한의 핵은 김일성의 교시대로 김일성 일족의 세습독재 체제를 유지하면서 남한을 무력으로 통일하기 위한 수단이다. 세습독재를 유지하려면 절대적인 명분이 필요하다. 북한의 경우 그 명분이 바로 '남한 침략-민족통일'이다. 따라서 독재정권 유지와 '남한 침략-민족통일'은 동전의 양면이다. 양자를 분리시켜서 나누어 보는 것은 김일성 독재왕조의 특성을 이해하지 못한 것이다.

5. 남한의 비극(1): 민주정치가 안보를 죽였다.

개인에게 가장 소중한 것이 생명을 보존하는 것이다. 마찬가지로 국가에 가장 소중한 것은 국가의 생명을 보존하는 것, 즉 안보(安保) 내지 국방(國防)이다. 그런데 남한은 1987년 소위 민주체제가 꽃피면서 안보(安保)보다 민주가 우선하고, 국가보다 개인이 우선하는 극단적인 개인주의 민주정치 즉 '이기적 민주주의-천민 민주주의'가 극성을 부려 안보 내지 국방이 송두리째 무너졌다. 젊은이들은 군대 가는 것을 수치로 알며, 군 피엑스에서 제일 많이 팔리는 상품은 머리에 바르는 왁스와 얼굴·팔에 바르는 선크림이다.

6. 남한의 비극(2): 한미동맹에 대한 과신이 안보의지를 죽였다.

동맹은 어디까지나 국방의 보충수단이다. 그런데 남한의 국민들은 한미동맹에 대한 의존이 지나쳐 국방을 미군에 맡기고 미군을 자기의 군대로 착각하고 있다. 특히 북한의 핵무기에 대하여 그에 대한 대비를 할 생각은 않고 무조건 미국이 북한의 핵공격을 막아 줄 것으로 믿고 있다. 북한 핵공격에 대응하는 자체방어무기, 수단이 하나도 없이 20년을 살면서도 마냥 태평이다. 누가 자체 핵무장으로 대응하자고 지극히 당연한 상식을 말하면 정신 나간 사람이나 전쟁광으로 취급하여 배척한다.

7. 한미동맹의 허점(1): 미국은 한국을 위해 핵무기를 사용하지 않는다.

미국은 남한이 북한의 핵 위협에 노출된 지난 20년간 무력대응을 옵션으로 선택하지 않았다. 6자회담 등 외교 협상과 형식적인 경제제재만 되풀이했다. 그러다가 금년 들어 특히 7월 말경 북한이 미국 본토를 때릴 수 있는 미사일 발사와 핵탄두의 소형화에 성공하여 자기 나라가 북한의 핵위협에 노출되자 즉각 무력대응을 필수적인 옵션으로 선택하고 강력한 경제제재로 중국, 러시아를 압박하고 있다. 이것은 무엇을 말하는가? 핵무기는 최후의 무기라서 어느 나라도 다른 나라를 위하여 핵무기를 사용하지 않는다는 역사적 법칙을 말한다. 요컨대 미국은 결코 남한을 위해 핵무기를 사용하지 않는다. 이것이 한미동맹의 첫 번째 허점이다.

8. 한미동맹의 허점(2): 미국은 미국의 군인, 시민, 물자, 시설이 공격받지 않는 한 남한정부(대통령)의 요청 없이는 북한을 공격하지 않는다.

한미동맹은 형식상으로는 상호방위 동맹이다. 그러나 실질은 한국이 수혜자이고 미국은 은혜자이다. 따라서 한국정부의 요청이 있어야 비로소 미국이 동맹군으로서 참전한다. 소위 한미연합사 체제이다. 남한이 북한의 공격을 받아 피해를 입어도 남한정부 즉 대통령이 미국에 참전을 요청하지 않고 독자적으로 협상하여 해결하겠다고 하면 미국이 일방적으로 북한을 공격할 수 없다. 지금까지는 한국과 미국간 의견이 불일치한 적은 거의 없다. 그러나 2017년 남한에서 소위 촛불혁명이라는 이름의 정변이 일어나 좌파·진보를 대표하는 문재인이 박근혜 대통령을 탄핵·구속시키고 보선의 형식으로 대통령이 되면서, 1953년 한미동맹이 성립된 이후 처음으로 미국 대통령 트럼프와 남한 대통령 문재인간에 심각한 정책 차이가 노출되었다.

9. 김정은에게 절호의 공격기회가 왔다.

문재인은 히말라야의 부탄을 이상향으로 동경하는 낭만적인 평화주의자이다. 소위 촛불혁명을 일으켜 박근혜 대통령을 몰아내고 2017. 5. 대통령이 된 문재인은 세계에서 가장 안전하다고 소문난 한국의 원전(原電)이 불안전하다고 폐지를 결정하고, 과학적으로 무해하다고 판정난 사드(THAAD) 미사일도 참외 재배에 해롭다고 설치를 반대하고, 북한이 수소폭탄 실험에 성공하여 전세계가 긴장하고 있을 때, 자신은 집 잃은 유기견(遺棄犬)을 안고 텔레비전에 나와 "유기견이 행복해지는 나라 남한"이라고 자랑하는 사람이다. 미국의 트럼프 대통령이 북한핵 제거를 위한 무력사용을 옵션으로 공표하자마자, 어떤 경우에도 한반도에서 전쟁은 안 된다고 전세계에 공언하여 트럼프 대통령을 격노하게 만든 사람이다.

거기다가 남한의 젊은이들은 전교조 교육을 받아 일본, 미국과의 전쟁은 몰라도 동족인 북한과의 전쟁은 절대 불가하다. 북한군에 총부리를 겨누느니 차라리 총을 버리고 달아나야 한다고 영화와 동아리에서 배운 사람들이다. 북한군이 이런 사람들과의 전쟁에서 못 이긴다면 바보다.

10. 서해도서를 공격하면 필승이다─시나리오

북한의 공격은 북방한계선상의 서해안 섬들을 기습하여 점령하는 것으로 시작한다. 천안함 사건, 백령도 포격은 이 작전의 예행연습이었다. 서해의 연평도와 백령도를 기습 점령하여 남한을 협상테이블로 끌어내는 것이다. 마침 문재인은 NLL(서해북방경계선)을 잘못 그어진 것이라고 공언한 노무현 대통령의 정치적 후계자이다. 이런 사람이 남한의 대통령이니 김정은으로서는 이런 좋은 기회를 놓칠 수 없다.

2018년 정초 새벽에 북한군은 기습적으로 백령도·연평도를 포격, 상륙 후 남한에 긴급 방송으로 통고한다. "NLL은 인정할 수 없다. 연평도·백령도는 북한이 접수한다. 지금 북한은 수백 발의 핵폭탄, 수소폭탄을 수백 기의 미사일에 모두 탑재하고 발사 직전이다. 만일 남한군이 반격하면 서울에 수소폭탄을 터뜨려 불바다로 만든다. 미국이 개입하면 샌디에이고, 워싱턴을 모두 불바다로 만들 것이다."

11. 문재인의 평화 협상과 노벨상 수상─시나리오

전세계가 깜짝 놀라 초긴장한다. 트럼프는 미군에 반격준비를 명한다. 그리고 문재인과 아베 총리에게 전화한다. 아베는 즉시 전화를 받고 동맹국으로서 기꺼이 북한 공격에 참전하겠다고 다짐한다. 그런데, 남한의 문재인은 바쁘다며 트럼프의 전화를 거절하고는 텔레비전에 나가 눈물을 흘리며 "한반도에서 절대로 전쟁이 일어나서는 안 된다, 남북한간 모든 갈등은 무력이 아닌 협상으로 해결되어야 한다"고 감동적인 연설을 한 후, 한국군과 미군에 절대로 반격을 하지 말라고 명령과 호소를 한다.

그리고는 즉시 승용차를 타고 자신의 정치스승 김대중·노무현이 한 것처럼 수십억 달러의 국고 수표를 들고 평양으로 달려간다. 먼저 김일성 묘지에 참배한다. 그리고 특유의 헤헤 웃음으로 머리를 조아리며 김정은에게 평화를 구걸한다. 김정은은 할아버지 김일성의 너털웃음을 웃으며 수표를 주머니에 넣고 훈계를 몇 마디 한 후, 백령도·연평도에서 북한군을 철수시킨다. 이 모든 일이 단 하루 만에 벌어진다.

김정은은 역사상 최단시간에 가장 많은 돈을 번 사람으로 기네스북에 오른다. 남한의 전 언론은 문재인이 전쟁도 없이 빼앗긴 영토를 찾았다며 역사에 남을 외교적 업적이라고 나팔을 분다. 세계 언론도 전쟁을 막았다고 문재인을 칭찬한다. 남북한의 번개 같은 평화협상에 할 말을 잃은 미국은 즉시 미군을 남한에서 철수시킨다.

문재인은 제3차 세계대전, 핵전쟁을 막은 평화의 수호자로 김대중에 이어 남한 대통령으로서 두 번째로 노벨 평화상을 받는다. 남한은 매년 수십억 달러를 조공으로 김정은에게 바친다. 김정은은 전세계 반미주의자의 우상이 되고, 핵무기·미사일을 여러 나라에 팔아 세계 최고의 부자가 된다.

12. 고려연방제–시나리오

몇 년 후 북한이 강화도를 점령한다. 강화해협이 봉쇄되자 수마일 떨어진 인천항구와 인천공항은 안전성이 없어져 사용이 불가능해진다. 남한은 할 수 없이 서울을 버리고 노무현이 미리 예상하여 만들어 놓은 충청도의 세종시로 수도를 옮긴다. 얼마 후 김정은이 고려연방제를 논의하자고 평양으로 남한 대통령을 부른다. 고려연방제는 이란의 신정체제와 비슷한 정치체제이다. 고구려·백제·신라 세 정부의 연방이다. 연방정부는 김일성의 '백두혈통' 계승자가 대대손손 국가지도자가 되어 군사·외교 등 국정의 주요 문제에 대해 최종 결재권을 가지고 자기 직속 부대를 거느리며 핵과 미사일을 관장하는 체제이다. 주체사상의 완결이다. 조선민족의 통일이다. 대한민국의 종말이다.

– 2017. 9. 11.

문재인이
정말 문제이다

그의 머리 속에는 개인의 안전(安全)만 있지 나라의 안보(安保)가 없다. 북한과의 협상만 있지 국방은 없다.

1. 북한은 이미 12년 전부터 남한을 핵무기로 공격할 수 있는 능력을 가졌다.

북한은 2005년 김정일 시절에 이미 핵보유를 선언했고 최근까지 여섯 차례나 핵폭탄을 실험하였다. 2017년 7월 말 6차실험은 수소폭탄이었다. 그리고 1984년 스커드 미사일 실험 발사를 시작하여 2017년 8월에 사정거리 6000마일의 ICBM 발사를 성공하기까지 각종 형태의 미사일을 발사 실험한 세계의 미사일 강국이다. 따라서 이미 12년 전부터 북한은 핵폭탄으로 남한을 글자 그대로 불바다로 만들 핵공격 능력이 있었다. 다른 말로 하면 남한은 이미 12년 전부터 북한의 핵공격 위협에 노출되어 있었다.

2. 남한에게는 이스라엘의 지혜와 용기가 없다.

남한의 경우는 북한에서 서울까지의 거리가 짧아 어떤 미사일로도 북한이 쏜 공격미사일을 중도에 맞추어 떨어뜨리는 것이 불가능하다. 따라서 남한의 경우 가장 적절한 대응방법은 이스라엘이 하였듯이 북한이 핵무기를 만들기 전단계에서 예방 공격하는 것이다. 적대적인 중동 국가들에게 둘러싸인 이스라엘은 1980년대부터 시리아, 이라크, 이란이 핵무기의 원료인 우라늄 농축시설이나 미사일 부품공장의 건설 현장을 건설하면 즉시 파괴하였다.

인명손실도 적고 피해도 크지 않으니까 세계는 아무런 관심도 없었다. 중동 국가들은 이스라엘의 어김없는 선제공격에 질려 아예 핵무기를 개발할 엄두를 내지 못했다. 1993년 클린턴 대통령이 북한의 우라늄 농축공장을 파괴하자고 제안하였으나 김영삼 대통령이 남한의 피해를 우려하여 반대하였다. 그래서 남한은 북한의 핵무기 개발을 사전에 저지할 수 있었던 절호의 기회를 상실하였다.

3. 파키스탄의 의지도 없다.

파키스탄은 인구 10억의 인접한 경쟁국가 인도가 핵을 가지자 동맹국 미국의 반대를 무시하고, 중국의 도움을 받아 바로 핵을 개발하여 인도의 핵에 대응하였다. 일종의 핵균형, 핵대칭 방법이다. 비록 상대의 핵공격으로 피해를 입더라도 즉각 같은 핵무기로 반격을 하여 상대에게도 같은 피해를 입혀 복수하는 방법이다. 사후 대응이지만 반격능력이 확실하면 공격 억제의 효과가 있다는 것이 역사적으로 증명되었다.

4. 미국의 대응법은 우리에게 맞지 않다.

미국의 핵대응 방법은 특이하다. 가상적이 핵무기로 미국을 선제 공격하면 즉각 그 10배의 핵무기로 상대방을 초토화시킬 수 있는 '가공할 핵보복 능력'을 갖추고 이를 공개하여 가상적들에게 과시함으로써 어느 누구도 감히 미국을 공격할 엄두를 내지 못하도록 한다. 소위 심리적 억제 방법이다. 그러나 이 방법은 세계 초강국 미국만이 쓸 수 있다.

5. 한국은 미국의 핵우산에 전적으로 의존하는 안일한 정책만 썼다.

남한은 유럽의 독일 등 나토 가입국들과 아시아의 일본처럼 미국과 군사동맹을 맺어 미국의 핵우산을 빌려쓰는 대응법을 쓰고 있다.

그런데 남의 핵우산을 빌려쓰는 방법은 얼핏 보면 경제적이지만 막상 핵공격 위협에 처했을 때 핵우산을 빌려주고 안 주고는 우산 주인의 마음에 달려있어 매우 불확실한 방법이다. 유럽에서도 프랑스와 영국은 미국의 핵우산을 빌려쓰는 방법을 완전히 믿지 않고 자체 핵보유를 병행한다. 이스라엘, 파키스탄도 마찬가지이다. 중국도 소련을 못 믿어 자체 핵무장했다. 북한도 중국, 러시아를 못 믿어 핵무장했는지도 모른다.

6. 북한 핵무기는 방어용이 아니다.

북한 동조자들은 약소국 북한이 정권보호용 즉 방어용으로 핵과 미사일을 개발한 것이므로 미국이 이를 용인하라고 말한다. 그러나 이는 무지(無知) 아니면 거짓이다. 북한의 인접국 중에서 북한을 핵무기로 공격할 나라는 없다. 중국과 러시아는 북한의 동맹국이고 일본은 자체 핵이 없다.

북한의 주적은 남한일 터인데, 남한은 이미 1991년 노태우 대통령이 핵무기 포기를 선언했고 그 이듬해 북한과 한반도 비핵화 공동선언을 채택했다(북한은 공공연히 이 공동선언을 위반했다. 그런데도 남한은 혼자서 공동선언을 지켜 핵무기나 미사일을 지금까지 개발하지 않았다. 남편은 바람이 나서 20년 넘게 딴 여자와 산 지 오래인데 부인 혼자 수절하는 처량한 모양새이다).

어쨌든 북한의 핵무기는 남한 등 인접국의 핵무기에 대한 방어용은 결코 아니다. 더욱이 북한은 ICBM 중거리·단거리 심지어 잠수함에서 쏘는 미사일까지 보유했다. ICBM이나 잠수함 발사 미사일이 방어용이라는 주장은 말이 안된다.

7. 북한의 핵무장은 〈남한침략-민족통일〉의 전략에서 나온 것이다.

북한의 핵무장은 미국이나 일본과 핵전쟁하자는 것이 아니다. 북한의 핵은 김일성의 교시대로 남한을 무력으로 통일하기 위한 수단이다. 절대적인 세습독재를 유지하려면 절대적인 명분이 필요하다. 북한의 경우 그 명분이 바로 '민족통일'이다. 미국을 공격할 수 있는 핵무기를 가져야 북한이 남한을 침략하여 통일전쟁을 벌여도 미국이 북한의 핵 역공(逆攻)을 두려워하여 전쟁에 개입을 할 수 없게 만들어 통일을 할 수 있다는 전략이다. 따라서 북한의 경우, 독재정권 유지와 핵무장은 동전의 양면이다. 양자를 분리시켜서 북한의 핵무장이 오로지 자신의 정권유지만을 위한 방어용이라는 주장은 북한의 선전을 무비판적으로 받아들이는 무지이거나 아니면 김일성 왕조의 세습독재와 북한의 핵무기 보유를 합리화시키려는 구실에 불과하다.

8. 남한의 안일한 미국 의존 국방전략이 북한의 핵무장을 유도했다.

개인에게 가장 소중한 것이 생명을 보존하는 것처럼 국가에게 가장 소중한 것은 국가의 생명을 보존하는 것, 즉 국방(國防)이다. 북한이 핵무장한 이상 남한도 파키스탄처럼 상응하는 핵무장을 하는 수밖에 없다.

그런데 남한은 여전히 미국의 핵우산을 빌려 쓰는 의존적인 국방정책에 집착했다. 동맹은 어디까지나 국방의 보충수단이지 국방의 일차수단이 아니다. 핵무기는 최후의 무기이기 때문에 동맹국의 핵무기를 빌려 쓴다는 생각은 비현실적이다. 미국이 순전히 남한의 안보를 위해 북한에게 핵무기를 사용할 가능성은 거의 없다. 왜냐하면 미국은 여론국가이다.

따라서, 미국이 남한의 안전을 위해 핵무기를 사용할 시 북한으로부터 핵무기로 역공을 받아 수십만의 미국 시민이 살상당하는 피해의 위험성을 어느 대통령도 감당할 수 없다. 또한 미국이 북한에게 핵무기를 쓰면 중국이 맞대응할 가능성도 무시할 수 없다. 북한은 이러한 점을 꿰뚫고 남한이나 일본이 아닌 미국의 본토를 공격 타깃으로 하는 핵무기와 ICBM을 개발한 것이다.

9. 자체 핵무장이 방안이다.

결국 북한의 핵 위협에 대한 우리의 대처는 간단하다. 우리도 프랑스, 이스라엘 등처럼 자체 핵무기를 가지고 1차 북한핵에 대응하고 혹시 중국이 북한을 도와 남한을 공격할 경우에 비로소 동맹국 즉 미국의 핵우산을 보충적으로 빌려 쓴다는 2단계 대응체제를 갖추어야 한다.

10. 남한의 문제는 문재인이다.

남한의 비극은 미국이 북한의 핵을 자국에 대한 위협으로 간주하여 무력으로 제거할 것을 옵션으로 심각하게 고려한 바로 이 역사적 시점에서 하필이면 문재인이라는 반(反) 안보, 반(反) 국방의 평화주의자가 남한의 대통령이 된 것이다. 문재인은 소위 촛불혁명을 일으켜 박근혜 대통령을 몰아내고 2017. 5. 대통령이 된 후 세계에서 가장 안전하다고 소문난 한국의 원전(原電)이 불안전하다고 폐지하려는 사람이다. 과학적으로 무해하다고 판정이 난 사드(THAAD) 미사일도 참외 재배에 해롭다고 설치를 반대한 사람이다. 대통령 선거 과정에서 북한을 주적(主敵)으로 표현하기를 거부한 사람이다. 미국 방문시 방명록에 '대한민국 대통령'이 아니라 '대한미국대통령'이라고 국호를 일부러 바꿔 쓴 사람이다. 미국의 트럼프 대통령이 북한핵 제거를 위한 무력사용을 옵션으로 공표하자, 어떤 경우에도 한반도에서 전쟁은 안된다고 전세계에 공언하여 트럼프 대통령을 어이없게 만든 사람이다. 그의 머리 속에는 개인의 안전(安全)만 있지 나라의 안보(安保)가 없다. 북한과의 협상만 있지 국방은 없다.

이런 사람이 대통령으로서 국군 통수권을 가지고 있으면 남한은 백약(百藥)이 무효이다. 트럼프가 북한 공격을 해도 이런 사람을 믿을 수 없으니 북한 공격에서 남한을 배제할 것이다. 남한의 자체 핵무장은 생각도 안할 것이다. 미국이 전략핵무기 제공을 제의해도 사양할 것이다. 북한이 백령도를 점령해도 양보할 것이다. 심지어는 북한이 강화도를 공격해도 김정은과 협상하여 고려연방제를 만들려고 할 것이다.

11. 문재인을 대통령직에서 몰아내야 한다.

문재인에게 나라의 국방을 맡기는 한, 남한은 국방이 없는 나라, 안보가 벌거벗은 나라를 면할 길이 없다. 북한이 핵무기로 미국을 붙들어 매어놓고 남한을 침략하면 남한은 전쟁 한번 제대로 못하고 멸망한다. 내가 살고 나라가 살려면 애국자들이 총단합하여 태극기 혁명으로 문재인을 대통령직에서 몰아내야 한다.

미국의 트럼프 대통령이 북한의 김정은 정권을 바꾸고 핵무기를 제거할 수 있도록 그의 북한 정책을 지지하고 동맹국으로서 적극 참여할 의지와 능력이 있는 새로운 사람에게 나라의 안보를 맡겨야 한다. 포스트 김정은의 한국 역사를 새로 쓸 올바른 지도자가 꼭 필요한 시점이다.

12. 40여 년 전에 이미 오늘을 내다보고 자체 핵무장을 추진하신 박정희 애국 대통령이 그립다. 그분의 따님은 지금 감옥소에서 무엇을 생각하실까?

잠못 이루는 밤에 이 글을 쓰다.

- 2017. 9. 14.

시민 박근혜의
재판 거부를 지지한다!

한국의 판사들에게 묻고 싶다. 구속재판을 하면 공정한 재판이 되고 불구속재판을 하면 불공정한 재판이 된단 말인가?

우리나라 1987년 헌법은 국가의 제1차적인 존재 이유를 국민의 기본권 보장에다 두는 소위 근대 법치국가의 헌법이다. 국민의 기본권 보장은 형사절차 즉 수사와 재판절차에 있어서 불구속 수사, 불구속 재판이 핵심이다. 범죄혐의만 가지고 선량한 시민을 구속부터 시켜서 외부와 단절시켜 놓고 천천히 자백이 나올 때까지 불러서 조지는 소위 선(先)구속 후(後)수사, 선구속 후재판은 전(前)근대적인 사법이다.

근대 민주 법치국가냐 아니냐를 판가름하는 기준이 바로 수사와 재판을 구속상태에서 하느냐, 아니면 불구속상태에서 하느냐에 달려 있다고 해도 과언이 아니다. 물론 아주 위험한 강력범죄라든가, 상습적인 폭력범이라든가, 주거가 없는 사람이라든가, 전에 증거인멸을 시도한 전과나 전력이 있다든가, 도주를 시도한 증거가 있다거나 하는 특별한 사정이 있는 경우에는 예외적으로 구속을 하고 수사·재판을 할 수밖에 없다. 그래서 우리나라 형사소송법은 외국의 입법례를 따라 주거부정, 증거인 멸, 도주우려 이 세 가지를 예외사유로 규정한 것이다.

이런 예외적 사유가 없는데도 구속상태에서 수사·재판하는 것은 헌법이 보장한 국민의 인권을 침해하는 것이다. 헌법용어로는 '무죄추정의 원칙'에 반하는 것이다. 예외적 사유가 있느냐 여부는 검사나 법관이 자유심증으로 결정하는 것이 아니다. 일반 시민이면 누구나 객관적으로 확인할 수 있는 합법적인 소명자료가 있어야 한다.

구속사유에 대한 아무런 객관적 소명자료도 없이 검찰이 '구속의 평등'이라는 해괴망측한 공산주의식 평등논리로 시민 박근혜를 구속한 것이 지난 2017. 3. 31. 이다. 17일간 구속 수사한 끝에 검찰 나름으로는 재판에서 이길 증거가 넘친다고 자신하여 뇌물혐의 등 18개의 범죄혐의로 재판을 신청 즉 기소한 것이 2017. 4. 17. 이다. 그동안 피고인을 구속시켜 놓고 검찰이 일방적으로 자기에게 유리한 증거조사 즉 수사를 실컷 하였으니까 이제는 피고인을 풀어주고 마음대로 반증, 변소(辯訴)할 기회를 주어야 공평하다. 그러자고 재판을 하는 거고 중립적인 법관이 필요한 거다.

그런데 이번에는 판사가 공정한 재판을 위해서라는 이유로 구속을 하였다. 2개월마다 연장하여 법이 허용한 최장 구속기간인 6개월, 즉 180일을 꽉 채웠다. 검사가 공정한 범죄수사를 위해 시민 박근혜를 구속한 것은 불과 18일이다. 그런데 판사가 공정한 재판을 내세워 구속한 것은 장장 180일로 검사보다 10배나 더 길다. 그런데 지난 10. 13. 법원은 180일도 모자란다고 다시 또 구속을 연장했다.

그런데 이번 구속 연장은 법률에 아무런 근거가 없다. 형사소송법 제92조는 1심 판사가 피고인을 구속상태에서 재판할 수 있는 기간을 최대한 180일로 제한하였다. 180일 내에 재판을 끝내든가 아니면 불구속상태에서 재판하라는 취지이다. 180일 제한은 주의 규정이나, 훈시 규정이 아니다. 이는 예외가 없는 강행규정이다. 헌법이 규정하고 있는 공정한 재판, 신속한 재판을 실현하기 위한 인권 보장 조항이다.

이 명백한 인권 보장 규정의 제한을 피하려고 남한의 사법관들이 쓴 꼼수가 바로 새로운 구속영장의 발부이다. 종전의 구속영장이 아니라 새로운 구속영장이니까, 이 새로운 구속영장에 의하여 180일을 또 구속시켜 놓고 재판할 수 있다는 주장이다. 새로운 구속영장이라고 하려면, 종전의 재판대상이 아니었던 새로운 범죄 사실의 수사나 재판을 위해 발부되는 영장이어야 한다.

그런데, 이번에 발부된 영장의 혐의건은 2017. 3. 31. 검찰이 구속하여 수사하고 2017. 4. 17. 기소하고 또 법관이 지난 6개월간 공정한 재판을 위해 필요하다고 구속하여 심리재판한 롯데·에스케이의 뇌물 혐의 사건이다. 이미 구속하여 재판 심리까지 다 끝낸 사건을 다시 수사·기소·재판하기 위해 구속한다면, 이는 명백한 이중처벌로서 헌법이 금지하는 이중위험(double jeopardy) 금지의 원칙에 정면으로 위배된다.

어려운 헌법이론을 떠나서 상식으로 보아도, 삼성 이재용 부회장의 뇌물 혐의 사건과 같은 기간에 같은 일련의 범죄 (소위 국정농단) 혐의로 수사하고 기소하고 지난 6개월 간 재판하여 이미 심리가 다 끝난 관련사건이 어떻게 새로운 범죄사건이란 말인가?

대한민국 법관은 변명한다. 지난번 영장에는 범죄사실로 이재용 뇌물 사건만 적혀 있었고 롯데·에스케이 뇌물 사건은 적혀 있지 않았으니까, 새로운 영장 발부라고. 참으로 가증스럽다. 어찌 법조인이란 자가 이런 간사한 궤변을 농(弄)할 수 있단 말인가!

생각해 보라! 원래 한국의 검사들은 구속 영장에 수사할 모든 혐의사건을 다 기재하지 않는다. 가장 대표적이고 큰 혐의만 적어 영장을 발부받은 후 영장에 기재하지 않은 다른 관련혐의도 마음대로 수사하고 기소한다. 법관도 관련사건으로 같이 재판한다. 시민 박근혜의 재판도 마찬가지이다. 구속영장에는 삼성의 뇌물 케이스와 이른바 '블랙리스트' 사건만 기재되었지만 실제로는 롯데·에스케이 뇌물 혐의 등 10여 개의 다른 관련 범죄사실까지 그 영장으로 구속 재판하여 온 것이다.

그렇다면, 180일 구속 재판 기간 제한의 인권 보장 규정은 형식적으로 영장 범죄사실로 적힌 삼성의 뇌물죄와 블랙리스트 사건의 재판 기간에만 적용되는 것이 아니라 영장에 특정되지는 않았지만 사실상 (실질상) 그 영장에 의하여 관련사건으로 포괄하여 구속 재판한 롯데·에스케이의 뇌물죄 사건의 구속재판 기간에 대하여도 적용되는 것이다. 형사법의 실질주의 원칙상 너무나 당연한 해석이다.

그런데 대한민국 법관의 해석은 정반대이다. 롯데·에스케이 사건은 형식상 영장기재 범죄사실에 기재되지 않았으니까 실질과 관계없이 영장기재 사실만 고치면 새 영장으로 보아 시민 박근혜를 180일간 더 구속하여 재판할 수 있다는 것이다. 자기들 편리대로 어떤 때는 포괄하여 한 영장이고, 어떤 때는 분리하여 다른 영장이다. 그야말로 엿장사 마음이다. 이런 논리대로 한다면 앞으로 180일 뒤에는 다시 구속영장에 기재되지 않았던 다른 사건의 죄명을 넣어서 새로 구속 영장을 발부하여 180일을 또 구속·재판할 수 있고, 계속 이렇게 반복하면, 1심만 몇 년을 구속시킨 상태에서 재판할 수 있다. 2심, 3심도 이렇게 하면 피고인이 감옥소에서 죽을 때까지 구속시켜 놓고 재판할 수 있다는 이야기가 된다. 그러면 형사소송법 제92조의 180일 구속재판 기간 제한은 무슨 의미가 있는가?

피고인의 인권이나 무죄추정의 원칙은 안중에 없다. 검찰·법관 자기들 편의만 생각한다. 명색이 인권보호를 최고의 사명으로 삼는다는 대한민국의 사법관이란 사람들이 어떻게 이렇게 피고인의 인권에 무심할 수 있단 말인가? 참으로 기가 차서 어이가 없다. 한국의 판사들에게 묻고 싶다. 왜 시민 박근혜를 구속했는가? 검찰은 범죄 수사를 위해 18일간 구속했다고 치자. 그러면 법관 당신들은 무엇을 위해서 시민 박근혜를 180일간 구속했는가? 아니 그것도 모자라 몇 년을 더 구속시키려 하는가? 보나마나 공정한 재판을 위해서라고 앵무새처럼 되풀이하겠지.

정말 그런가? 양심에 손을 얹고 말해보라. 구속재판을 하면 공정한 재판이 되고 불구속재판을 하면 불공정한 재판이 된단 말인가? 지나가는 소가 들어도 웃을 일 아닌가? 박근혜 대통령은 우리나라 정치인으로서는 아주 드물게 아무 전과가 없는 사람이다. (이 나라의 정치인 중에 전과 없는 사람이 과연 몇 명이나 될까?) 주거가 서울 삼성동에 확실히 있는 사람이다. 도주를 하려고 시도하였다는 어떠한 소명자료도 없다. 증거를 인멸하려고 시도하였다는 어떠한 소명자료도 없다.

도대체 무슨 근거로 도주나 증거인멸의 우려가 있단 말인가? 법관·검찰 당신들 마음속에서 의심이 나면 그것이 도주나 증거인멸의 소명자료가 되어 한 시민을 180일간 구속할 수 있는 객관적인 재판 근거가 된단 말인가? 자기 마음속의 의심은 주관적 심증이다. 주관적 심증은 외부에서 인식이 불가능하기 때문에 재판의 근거가 될 수 없는 것이다. 재판의 근거가 되려면 인간이 5감(五感)으로 인식할 수 있는 객관적 자료가 있어야 한다. 6감(六感)이 아니라 5감(五感)이다. 주관적 심증과 객관적 소명자료 양자의 차이도 모르는 당신들이 정말 법관이고 검찰인가?

부끄럽다! 주관적 심증과 객관적 소명자료의 차이도 구별하지 못하는 사람, 180일 구속기간 제한의 법리도 이해하지 못하는 사람, 불구속 재판의 원칙·무죄추정의 원칙·이중위험금지(doublejeopardy)의 원리도 이해하지 못하는 사람, 이들이 민주법치국가 대한민국의 사법관들이라니! 이들이 법관·검찰의 탈을 쓰고 정치·언론 권력의 시녀가 되어 무고한 시민들의 인격과 신체를 마구 짓밟는다니!

법관의 양식을 못 갖춘 사람은 민주법치 국가, 대한민국의 법관이 될 자격이 없다. 민주국가의 시민에게는 사법관의 자격이 없는 사람으로부터 수사나 재판을 받을 의무가 없다. 오죽하면 인내의 화신, 법치의 화신인 시민 박근혜가 더 이상 법관을 신뢰할 수 없다고 재판을 거부하겠는가! 변호인들까지도 변론을 거부하겠는가! 시민 박근혜와 변호인단의 재판 거부는 정당한 저항권 행사이다. 그러기에 나는 이들의 재판 거부를 전적으로 지지한다. 우리 모두 일어나 자격 없는 법관, 검찰들의 전원사퇴를 요구하자! 탄핵을 외치자! 사법혁명을 외치자!

시민 박근혜 만세! 법치 대한민국 만세!

− 2017. 10. 16.

트럼프 대통령께 드리는
공개 호소편지

이번 서울 방문에서 반드시 남한의 박근혜 대통령 본인이나 그 가족, 변호인을 만나 그 분이 당하고 있는 참담한 인권 탄압·정치보복을 확인하여 주십시오! 당신이 직접 못하면 당신의 변호사나 참모에게 확인토록 지시하여 주십시오!

1. 저는 당신이 지난 9월19일 유엔에서 한 역사적인 연설을 몇 번이고 반복하여 들었습니다.

전세계인에게 조금의 주저도 없이 자유와 시장경제의 우월성, 법치와 인권의 가치를 외치는 당신의 힘찬 사자후(獅子吼)에 깊은 감동을 받았습니다. 동시에 김정은 등 전세계의 독재자들을 향해 아무런 두려움 없이 질타하며 경고하는 당신의 담대한 용기에 전율을 느꼈습니다. 끝으로, 당신의 가치를 제대로 알아보고 언론의 거짓 선전에 흔들리지 않고 당신을 대통령으로 뽑은 미국 국민의 지혜에 깊이 고개를 숙였습니다.

당신이 오는 11월 7, 8일에 1박 2일로 남한을 방문하여 국회에서 연설하고 청와대에서 만찬을 한다는 뉴스를 들었습니다. 당신이 저의 사랑하는 조국을 방문한다니 물론 기쁩니다. 그러나 한편으로는 북한과 남한의 광신적인 (fanatic) 민족주의- 반미주의자들이 당신과 한미동맹을 야만적으로 조롱하며 미국의 체면을 마구 짓밟는 갖가지 쇼를 벌여 전 세계 매스컴에 반미, 미군철수 운동을 선전하는 기회로 이용할 것이 쉽게 예상되어 방한의 부작용이 크게 걱정됩니다. 물론 당신의 신변 안전도 매우 우려됩니다. 왜냐하면 저는 북한과 남한의 광신적인 민족주의자들이 극도로 미국과 당신을 증오하고 저주하는 것을 잘 알기 때문입니다.

당신도 알다시피 북한은 유엔의 수차례 경고와 결의 그리고 미국과 남한으로부터 십수 년간 받은 막대한 경제원조의 대가로 맺은 핵 포기 약속을 깡그리 무시하고 끝내 핵폭탄과 미사일을 개발한 세계에서 가장 뻔뻔하고 단호한 무법자이며 세계 유일한 3대 세습독재 국가입니다. 특히 김정은은 자신의 고모부를 처형하고 형을 국제 암살한 스탈린 이상의 냉혈한입니다. 최근에는 수소폭탄과 ICBM까지 개발하여 미국을 불바다로 만들겠다고 협박한 그야말로 전쟁광입니다.

저들은 정신적으로 비정상입니다. 저들은 당신이 무력으로라도 자기들의 핵무기와 미사일을 제거할 각오인 것을 알기에 필시 당신의 생명을 노릴 것입니다. 미국과 당신은 결코 저들의 악의를 가볍게 보면 안 됩니다. 개인적으로 저는 당신의 방한을 말리고 싶습니다. 그런 사정을 알면서도 남한을 1박하여 방문하신다면, 저는 당신과 미국정부의 비상한 용기와 능력에 진심으로 깊은 경의를 표합니다. 신변 안전에 만전을 기해

주시길 새삼 부탁드리면서 이번 방한 기회에 반드시 빼지 않고 확인해 주시길 두 가지 사항을 부탁드립니다.

하나는 문재인이 당신과 세계의 정상들에게 자랑한 촛불혁명의 추악한 실체이고 다른 하나는 촛불혁명에 타버린 남한의 법치주의와 그 희생자 박근혜 대통령, 이재용 삼성 부회장 등에 대한 인권탄압·정치보복의 기막힌 현실입니다.

2. 지금 남한은 예전의 남한이 아닙니다. 남한은 탄핵정변 또는 문재인의 말대로 촛불혁명 이전과 이후가 전혀 다른 나라입니다. 촛불혁명 또는 탄핵정변 이전의 남한은 아시아에서 미국의 가장 가까운 군사, 경제 동맹국이었습니다. 법치와 인권이 그런대로 아시아의 선진국이라고 인정받던 나라였습니다. 그러나 촛불혁명 아니, 탄핵정변 이후의 남한은 전세계에서 북한 다음으로 반미 데모가 심한 나라이며 법치주의가 사라진 나라입니다.

(데모대가 성조기에 불을 지르고, 당신을 전쟁광으로 그려 저주의 붉은 스프레이를 칠합니다. 안중근, 윤봉길 같은 한국의 민족주의 암살자들 얼굴을 내세워 간접적으로 트럼프 당신의 암살을 촉구하고 있습니다. 젊은이들이 미국민이나 미군의 차에다가 남한인들은 미국을 증오하니 빨리 꺼지라는 스티커를 마구 붙이고 다니고 있습니다. 미국으로 당신의 탄핵데모대를 보내자고 외칩니다. 미국 대사관을 포위하고 인질 잡는 준비를 합니다. 인터넷 사이트에 들어가 보시면 바로 확인됩니다. 방한 전에 꼭 보셔야 합니다.)

심각한 문제는 문재인 대통령과 그의 참모들, 여당 국회의원들, 언론들이 대부분 이 광신적인 반미·반일·민족주의자 그룹의 숨은 지도자거나 동조자들이라는 점입니다. 지금 남한 정부는 북한정권을 여러 가지로 닮고 있습니다. 우선 남한 정부는 공개적으로 스스로를 선거가 아니라 '촛불혁명'으로 태어난 혁명정부라고 부르고 자기들 이전의 모든 정부의 정책을 반대로 뒤집는 소위 '적폐청산(積弊淸算)'을 선거공약이자 정치목표로 내세우고 있습니다.

정부의 운영 방법도 정상적인 민주정부가 아닙니다. 남한의 태극기 운동 지지자들을 마구 구속하고, 문재인을 공산주의자라고 지적한 원로 법조인을 검찰이 기소하고 국회에서 증인으로 불러 국회의원들이 모욕과 욕설을 마구 퍼붓고 있습니다(반드시 유튜브를 보아 주십시오).

무엇보다 큰 문제는 촛불혁명 정부에는 언론기관들의 자유만 있고 국민의 언론자유는 없다는 점입니다. 언론기관이 모두 실질상 친정부 노조에 의하여 독점, 운영되고 있습니다. 언론이 정부의 선전도구로 변하여 반정부 여론을 일체 보도하지 않습니다. 검찰·법원도 언론의 눈치만 보고 있습니다. 광신적인 민족주의자들이 언론, 학계, 문화, 정치, 경제를 모두 장악·통제하면서 법치와 인권은 완전히 정치의 하부개념으로 주저앉아 공공연히 정치의 시녀가 되고 말았습니다.

3. 단적인 예가 바로 박근혜 대통령 등에 대한 탄핵과 수사, 재판과정입니다. 원래 박근혜 대통령은 2012년 12월 대통령선거에서 투표자의 51.6%가 적극 지지하여 적법하게 5년 임기로 선출되어 국민의 높은 지

지를 받았습니다. 그런데, 2016. 10. 24. JTBC 방송이 최서원이라는 여자의 태블릿 PC를 조작하여 박근혜 대통령을 최서원과 결탁한 부패하고 무능한 뇌물 정치인이라고 거짓보도를 날리면서 언론들이 조직적으로 대중을 선동하여 촛불혁명이라는 이름 아래 두 달간 군중들이 촛불을 들고 콘서트하며 대통령 하야와 탄핵을 외치는 소위 퍼모먼스 데모를 일으켜 박 대통령에 대한 여론 지지율을 한 자리로 떨어뜨리는 데 성공하였습니다.

이를 기화로 국회는 2016. 12. 9. 아무런 증거조사나 토론도 없이 탄핵소추하여 박근혜 대통령의 권한을 정지시키고 청와대에 연금시켰습니다. 이어서 석 달 뒤에 법정 재판 구성원인 9명 법관에서 1명이 부족한 8명의 법관이 재판할 시간이 없다는 이유로 박근혜 대통령의 증거신청을 모두 기각한 후 전원 일치로 유죄 판결하여 임기 만료 불과 1년을 앞두고 박근혜 대통령을 공식으로 파면하였습니다. 물론 상소도 없이 단심으로 재판이 끝났습니다.

며칠 뒤엔 검찰과 법원이 아무런 구속사유도 없이 '구속의 평등'이라는 해괴한 북한의 공산주의 형법이론으로 박근혜 대통령을 구속하였습니다. 결국 박근혜 대통령은 임기 만료 1년을 앞두고 인민재판으로 대통령직에서 쫓겨나고 감옥소에 갇힌 것입니다. 그리고는 법원이 신속한 재판을 한다며 일주일에 네 번씩 나이 60이 넘은 박근혜 대통령을 법정에 불러내 하루에 열 시간씩 재판정에서 괴롭혔습니다. 이렇게 6개월간 80회의 재판을 계속하여 박근혜 대통령을 육체적으로 탈진시키는 '재판 고문'을 가하였습니다.

그것도 모자라 2017. 10. 13. 에는 법률에도 없는 구속연장을 하여 또 다시 박근혜 대통령을 6개월간 재판 고문을 하려고 시도하였습니다. 이 렇게 되자, 그 때까지 온갖 불법한 인권 탄압에 대하여도 저항 없이 참고 순종만 하던 박근혜 대통령이 도저히 견딜 수 없어 마침내 재판을 거부하였습니다. 그리고 변호인들도 '재판 고문'에 도저히 육체적으로 견딜 수 없다며 전원 사퇴하였습니다.

1주의 평일 5일 중 4일을 하루 10시간씩, 6개월간 계속 재판하여 피고 인과 변호인을 육체적·정신적으로 탈진시켜 재판을 포기하게 만드는 이 새로운 고문 방법은 머리 좋은 남한의 촛불혁명 법관들이 만들어낸 기막힌 고문 방법입니다. 박근혜 대통령의 재판 거부는 법관들이 죄 없는 자신을 '재판 고문'으로 말라 죽이느니 차라리 사형을 시켜달라고 호소하는 저항권의 행사입니다.

4. 그런데도 남한의 언론은 단 한 줄 박근혜 대통령이 당하는 이 기막힌 인권 탄압, 정치 보복을 보도하지 않고 있습니다. 오히려 언론은 북한방송과 마찬가지로 박근혜 대통령에 대한 근거 없는 부패·뇌물혐의만 보도하고 이 뇌물·부패에 국민들이 저항하여 촛불혁명을 일으켜 박근혜 대통령을 쫓아냈다고 허위보도를 반복하고 있습니다. 재판도 법에 따라 공정하게 되고 있다고 국민과 세계를 속이고 있습니다. 많은 남한의 국민과 세계인들이 모두 이 거짓 언론보도에 완전히 속고 있습니다.

그러나 진실은 결코 영원히 숨길 수 없습니다. 남한 언론의 거짓보도를 보다 못한 아랍계 인권단체 MH 그룹이 지난 10월17일 CNN방송에 박근혜 대통령에 대한 문재인 촛불 혁명 정부의 '재판 고문' 인권 탄압을 처음으로 보도하였습니다.

진실을 알고 보면 남한에는 문재인이 전세계의 정상들에게 자랑한 촛불 혁명만 있는 것이 아닙니다. 남한에는 2016. 11.~2017. 3. 10. 4개월여간 언론의 스포트라이트를 받으며 콘서트 형식으로 즐겁게 진행된 촛불혁명에 참여한 시민보다 수십 배 많은 시민들이 2016. 11. 부터 오늘까지 1년 동안 단 한 번도 빠짐없이 매주 토요일 서울 등 전국 각지에서 태극기와 성조기를 흔들며 진실과 정의 그리고 법치를 외치고 있습니다.

제가 참석한 2017. 3. 1. 집회에는 한반도 역사상 최대인파인 삼십여만의 서울시민이 나와 법치와 인권을 외쳤습니다. 지금도 매주 토요일에는 수만 명의 남한 시민들이 언론의 철저한 외면 속에서도, 마치 기독교 신자들이 매주 일요일 교회에 나가듯이 태극기 집회에 나가 박근혜 대통령의 석방을 외치고 있습니다. 앞으로도 이 태극기 집회는 남한뿐 아니라 미국과 전세계에서 계속될 것입니다. 이 태극기 집회에는 촛불집회와 같은 콘서트도 없고 도시락 배급도 없습니다. 오직 진실과 정의를 부르짖는 외침과 눈물이 애국가와 함께 울려 퍼집니다. 태극기와 성조기가 힘차게 휘날립니다. 이야말로 순수한 시민 애국운동으로서 진정한 민주혁명입니다. 태극기 혁명이라고 우리는 부릅니다.

5. 존경하는 트럼프 대통령님! 당신은 지난번 대통령 선거 때 CNN 등

미국의 언론이 얼마나 편파적으로 거짓 보도하였는지 잘 알고 있지 않으십니까! 남한의 언론은 CNN의 수십 배, 수백 배로 거짓 보도하고 있습니다. 당신은 이번 서울 방문에서 반드시 남한의 박근혜 대통령 본인이나 그 가족, 변호인을 만나 그 분이 당하고 있는 참담한 인권 탄압·정치 보복을 확인하여 주십시오! 당신이 직접 못하면 당신의 변호사나 참모에게 확인토록 지시하여 주십시오!

그러면 당신과 미국 국민들은 그 즉시 문재인과 그의 추종자들이 (대부분 전과자들입니다) 정상적인 선거로는 도저히 정권을 잡을 수 없는 것을 알고 거짓과 선동, 불법한 술수로 남한 역사상 가장 청렴하고 깨끗한 박근혜 여성 대통령을 감옥에 가두고 '촛불혁명'이라는 이름으로 대통령 자리를 차지한 후 '재판 고문'으로 박근혜 대통령을 말려 죽이려 음모하고 있음을 바로 알게 될 것입니다.

북한이 전기고문 등으로 웜비어를 말려 죽이려 하였듯이 문재인과 그를 추종하는 촛불혁명가들은 '재판 고문'으로 박근혜 대통령과 이재용 삼성 부회장 등 죄 없는 시민들을 말려 죽이려 하고 있습니다. 남한을 방문하실 때 문재인의 촛불혁명에 타버린 남한의 법치주의 실태와 박근혜 대통령, 이재용 삼성 부회장 등 억울한 촛불혁명 피해자들의 인권 침해 실태를 확인하여 저들이 문재인 및 촛불혁명 일당과 함께 정의와 인권의 국제 법정에 나란히 서서 전세계인이 보는 가운데서 누가 과연 진실이고 정의인지 가리는 공정한 재판을 받도록 힘써 주시기를 간곡히 호소합니다.

태극기 혁명에 참여하고 있는 수백만, 수천만의 남한 애국자들을 대변하여 세계 인권과 법치의 수호자인 미국 대통령 트럼프 당신께 호소합니다.

− 2017. 10. 30.

로스앤젤레스에서 김평우 변호사

6

트럼프의 역사적인
국회 연설

두 사람의 연설문을 이름을 가리고 읽으면 트럼프의 연설문은 영락없는 남한 대통령의 연설이고, 문재인의 연설은 영락없는 북한의 유엔 대표가 하는 연설이다.

11월8일 트럼프 대통령의 남한 국회 연설을 듣고 전세계가 놀랐다. 어떻게 저렇게 미국의 대통령이 남한과 북한의 지난 70년의 역사와 현실을 소상히 그리고 정확히 알고 있을까? 어떻게 그 수많은 숫자와 연도를 모두 암기하고 정확히 인용할 수 있을까?

이번 연설을 통해 트럼프는 그가 결코 운이 좋아 대통령이 된 것이 아니라 해박한 지식과 놀라운 암기력 그리고 남다른 의지와 지도력을 갖춘 특별한 사람이기 때문에 미국인의 올바른 선택을 받았음을 전세계인에게, 특히 트럼프를 우습게 알던 한국인에게 분명히 보여 주었다.

특히 우리 한국인에게 감동적인 것은 그가 취임한 이래 전세계인에게 보여준 그의 단호한 '북핵 제거' 의지가 결코 일시적 말장난이나 기분이 아니라 그의 정확한 역사인식, 현실 이해에 바탕을 둔 그의 인생관·세계관에서 나온 것임을 보여준 것이다. 이제 전세계인은 확실히 알았다. 그가 미국의 대통령으로 있는 한 북한의 김정은이 핵무기와 미사일로 자유세계를 위협하고 남한 국민을 자기의 종이나 기쁨조로 만드는 일은 결코 용납되지 않을 것이라는 점을.

특히 그동안 문재인이 보여준 허허실실의 속임수, 우왕좌왕의 갈 지(之)자 외교 안보정책에 방향을 잃고 불안과 공포 속에서 떨던 남한의 보수들에게 미국이 결코 자신들을 버리지 않을 것이며, 조만간에 김정은의 핵과 미사일을 제거할 것이라는 자신감과 용기를 주었다.

트럼프의 이 연설을 문재인이 8·15 광복절 기념식에서 한 평화타령 연설이나 지난 번 국회에서 한 적폐청산 연설과 비교하여 보면, 분명히 세계관이 다르고 격조가 다르다. 단적으로 문재인은 지난 70년의 남한 역사를 적폐(積弊)의 역사, 실패의 역사라고 말하며 이를 청산하는 것을 자신의 국정 목표라고 선언했다. 반면 북한에 대하여는 지난 70년의 잔혹한 3대 세습독재의 역사에 대하여 어떠한 비난이나 비판도 안 한다. 북한의 핵과 미사일은 나름대로 이유가 있으므로 결코 무력으로 제거하는 것은 안 되고 돈을 주고 사정하거나 아니면 방관하자는 입장이다.

그런데, 트럼프는 반대로 지난 70년의 남한 역사를 고난에서 승리를 일군 자랑스러운 영광의 역사라고 말하고, 반면에 북한의 역사는 실패와 비극의 부끄러운 역사라고 규정했다. 또한, 북한의 핵과 미사일은 북한이 지난 수십 년 간에 걸친 미국과 남한의 설득과 협상을 배신하고,

세계의 평화를 위협하는 흉기이므로 반드시 제거되어야 한다고 제거 의지를 분명히 하였다. 그리고 남한에 의한 자유통일만이 한반도의 바람직한 미래라고 확인하였다.

두 사람의 연설문을 이름을 가리고 읽으면 트럼프의 연설문은 영락없는 남한 대통령의 연설이고, 문재인의 연설은 영락없는 북한의 유엔대표가 하는 연설이다. 트럼프는 미국 대통령인데도 누구보다 친한적(親韓的)이고, 문재인은 한국 대통령인데도 누구보다 반한(反韓)내지 혐한(嫌韓)적이다.

한국의 역사와 현실, 미래를 보는 두 사람의 눈이 왜 이렇게 상반되는 것일까? 트럼프의 연설은 센텐스, 센텐스가 모두 숫자와 팩트에 근거를 두고 있다. 반면에 문재인의 연설은 아무리 보아도 숫자나 팩트에서 출발하지 않고 누가 가르쳐준 결론을 가지고 출발한다. 그리고 기분과 감정에 호소한다. 하나는 진실과 정의에 바탕을 둔 것이고, 다른 하나는 거짓과 부정을 감정과 기분으로 감추고 있다.

트럼프와 문재인의 차이는 국적의 차이가 아니다. 보수·진보의 이념 차이가 아니다. 좌파·우파의 방향 차이가 아니다. 진실과 정의냐 거짓과 부정이냐의 차이이다. 선과 악의 대결이다. 빛과 어둠의 싸움이다. 남한은 분명히 대통령을 잘못 뽑았다. 남한에는 트럼프같이 남한을 사랑하고, 자랑스러워하고, 아끼며, 북한의 김정은과 단호히 대결하여 남한을 지키고 남한 중심으로 자유통일을 이루겠다는 비전과 의지가 있는 지도자가 필요하다.

문재인은 촛불세력이 뽑은 촛불세력의, 촛불세력을 위한 대통령이다. 남한의 대통령이 될 자격이 없다. 촛불의 나라 북한으로 가라! 스스로 가지 않으면 우리가 쫓아내야 한다. 하늘은 스스로 돕는 자를 돕는다. 트럼프의 11월8일 국회연설은 남한의 애국보수가 해야 할 일이 무엇인지를 일깨워주는 정말 역사적인 연설이었다.

- 2017. 11. 10.

박정희 대통령
탄신 100주년을 맞아

고개를 땅에 박고 두 눈만 굴리며 역사의 방관자가 될 것인지 아니면 우리의 후손이 편안히 잘사는 한반도가 되도록 조그마한 힘이나마 보태는 역사의 동 참자가 될 것인지 선택해야 합니다.

2017년 11월14일은 고(故) 박정희 대통령 탄신 100주년이 되는 날입니다. 여러분, 박정희 대통령이 누구입니까? 2000년 동안 중국 대륙의 동쪽 끝에 붙은 척박한 반도 땅에서 게으름과 가난을 숙명으로 알고 살던 우리 한국 민족에게 "하면 된다"는 자신감을 심어주어, 선진국이 백여 년에 걸쳐 이룬 산업화·공업화를 단 10여 년 만에 이룩하는 한강의 기적을 이루신 분 아닙니까.

우리 민족의 역사를 새로 쓴 이 민족의 영웅, 구국의 영웅이 태어난 지 100년이 되는 이날을 맞아 조갑제 기자, 문창극 선생, 서석구 변호사, 박승제 선생, 일본의 니시오카 교수, 미국의 로렌스 팩 박사, 그렉 스칼라티유 선생 등 각계의 전문가들을 모시고 우리의 과거와 현재 그리고 미래를 되짚어 보는 심포지엄 자리를 마련했습니다.

이번 심포지엄의 주제는 'Quovadis Korea(한국 어디로 가나)!'입니다. 이 주제가 말해주듯이 2017년 오늘 현재 한반도는 정치·군사·외교 면에서 한 치 앞을 내다보기 어려운 극심한 혼란과 위기 상태에 빠져 있습니다.

북한은 김일성의 3대 세습독재가 70년간 이어지면서 핵폭탄과 ICBM으로 중무장하여 세계 최대 강국 미국과 직접 죽느냐 사느냐의 맞대결을 벌이고 있고, 남한은 언론·국회·사법·노조가 총동원되어 탄핵 정변을 일으켜 국민이 뽑은 (박정희 대통령의 따님) 박근혜 대통령을 몰아내고 문재인을 대통령으로 세워 북한과 고려 연방을 만들어 완전히 새로운 한국역사를 쓰려고 하고 있습니다.

과연, 김정은이 미국을 굴복시켜 미군을 남한에서 철수시키고 적화통일의 꿈을 이룰지 아니면 미국의 공격을 받아 패망할지 누구도 모릅니다. 남한 역시 남한 역사상 최초로 등장한 좌파 혁명정권이 지난 70년간 유지된 한미동맹을 파기하고 새로운 한반도 역사를 만들어 나갈지 아니면 보수우파의 반격을 받아 모래성처럼 무너질지 누구도 알 수 없습니다.

문제는, 우리 자신입니다. 조국이 처한 이 역사적 전환 시점에서 고개를 땅에 박고 두 눈만 굴리며 역사의 방관자가 될 것인지 아니면 고(故) 박정희 대통령의 애국심을 본받아 우리의 후손이 편안히 잘사는 한반도가 되도록 나의 조그마한 힘이나마 보태는 역사의 동참자가 될 것인지 선택을 해야 합니다. 여러분의 이 선택에 도움이 되기를 바라는 마음에서 '구국 포럼 2017'을 개최합니다. 여러분의 많은 참여와 성원을 바랍니다.

— 2017. 11. 13.

Save Korea Foundation(구국 재단) 이사장 김평우

박근혜 석방 없는
올림픽

애국서신 ⑥: "박근혜 석방 없는 올림픽 반대한다(No Release, No Olympic)!"

1년 전 2016. 12. 9. 대한민국 국회는 박근혜 대통령을 뇌물범으로 몰아 탄핵소추를 의결, 그녀의 대통령 직무를 정지시키고 청와대에 유폐했습니다.

그 후 대통령직만 아니라 자유, 명예 모든 걸 잃어버리고 지금 그녀는 차가운 교도소 마루방에 갇혀 구원의 손길을 기다리고 있습니다. 변호인이었던 인연으로 누구보다 가슴이 아픕니다.

지난 일을 회상하며 평창 올림픽 이전에 그녀가 석방되어 자유의 몸이 되기를 기원합니다.

박근혜 대통령은 뇌물을 받은 적도 없고, 사람을 죽인 적도 없습니다. 그녀는 정말 억울합니다. 그녀의 자유를 찾아줍시다. 그것이 대한민국의 자유를 찾는 길입니다. 자유와 안전이 없는 나라에서 올림픽이 웬 말입니까? 다 같이 외칩시다.

"박근혜 석방 없는 올림픽 반대한다(No Release, No Olympic)!"

- 2017. 12. 8.

미국의 동계 올림픽 불참을 호소한다

문재인 정부는 올림픽을 순수한 스포츠정신이 아니라 자신의 위장평화전술을 실현하는 정치공작의 수단으로 이용하고 있는 것입니다.

2017년 12월9일은 박근혜 대통령이 대한민국 국회로부터 탄핵소추를 받아 대통령 직무가 정지되고 청와대에 사실상 유폐되는 정치변란이 대한민국에서 일어난 지 1년 되는 날입니다. 박근혜 대통령은 2012년 12월 대한민국 국민의 75%가 참여한 총선에서 51.6%의 지지를 받아 48%의 지지에 그친 문재인 후보를 누르고 적법하게 선출된 전직 대통령입니다. 이러한 박근혜 대통령을 법원의 유죄판결도 없이 근거가 아주 미약한 뇌물죄 혐의로 이렇게 장기간 구속하는 것은 명백한 인권 유린이고 정치탄압입니다. 이러한 불행한 사태는 대한민국 평창에서 2018년 2월9일 개최되는 동계올림픽이 개막되기 이전에 국제적 여론에 의하여 평화스럽게 해결되어야 합니다.

박근혜 대통령을 비정상적으로 탄핵시키고 2017년 5월 갑자기 시행된 보궐선거에서 당선된 문재인 씨는 투표자의 41.1%의 지지로 당선된 소수파 지도자입니다. 문재인 씨는 북한 김정은의 핵무기·미사일 위협에 대하여는 북한의 핵보유를 인정하고, 오히려 북한에게 막대한 경제지원을 주어 평화를 구걸하겠다는 지극히 비현실적이고 비도덕적인 평화를 부르짖고 있습니다. 문재인 정부는 국제법을 무시하고 공개적으로 핵무기를 개발·보유한 국제 깡패 정부 북한 지도자 김정은에 대하여는 이렇게 평화와 타협을 내세우면서, 같은 남한의 국민들에게 대해서는 '적폐청산'이라는 무시무시한 혁명 구호를 외치며 박근혜 대통령, 이재용 삼성전자 부회장 등 국제적으로 저명한 정치·경제 지도자들을 유죄판결도 없이 6개월 이상 장기 구속하는 인권탄압을 서슴지 않고 있는 겉다르고 속다른 신뢰할 수 없는 정부입니다.

그러기에 12월9일 대한민국의 모든 도시에서는 진실과 정의를 사랑하는 수십만의 시민들이 성조기와 태극기를 흔들면서 박근혜 대통령의 석방과 정치탄압의 중단을 외치는 집회를 벌여 문재인 정부에 항의를 표시하였습니다. 이것은 한국 내 문재인을 반대하는 보수애국 세력의 저항이 점차 강력해지고 있음을 의미합니다. 그런데도 공포의 혁명정부를 표방하는 문재인 정부의 공포통치에 눌려 한국의 언론은 단 한 줄도 이 태극기 집회의 물결을 보도하지 않고 있습니다.

지금 문재인 정부는 평창 동계올림픽을 '평화올림픽'이라고 이름 짓고 평화와 화합이라는 올림픽 정신을 위장하여 자신들이 국내에서 반대파에 대하여 자행하고 있는 인권침해와 정치탄압을 감추고 있습니다. 또한 문재인 정부는 국제공조를 통한 강력한 경제제재와 해상봉쇄를 해서라도 북한의 완전한 비핵화를 실현시키려는 미국 트럼프 정부의 총력적인 북한 핵 반대정책을 무시하고, 오히려 올림픽기간을 이용하여 김정은과의 '남북평화협상'을 전격적으로 개최하려는 비열한 정치음모를 꾸미고 있습니다. 요컨대 문재인 정부는 올림픽을 순수한 스포츠정신이 아니라 자신의 위장평화전술을 실현하는 정치공작의 수단으로 이용하고 있는 것입니다.

미국인들은 문재인 정부의 이 올림픽 위장전술에 속아넘어가면 안됩니다. 냉정하게 현실을 바로 보아야 합니다. 평창올림픽의 스키장들은 북한과의 휴전선에서 불과 50킬로미터 거리로 북한의 장사정포 사정거리 내입니다. 그리고, 올림픽 기간인 2월9일부터 25일(패럴림픽 3월9일부터 18일)은 북한의 핵 공격 위협에 대응하여 한미 합동군이 연례적으로 실전을 방불하는 군사훈련을 시행하는 기간으로 북한이 긴장을 도발할 가능성이 가장 높은 시점입니다. 또한, 지난 6개월 동안 문재인 혁명정부는 대한민국의 보수 애국세력을 말살시킨다는 목표로 법치주의를 완전히 무시한 인권탄압·정치 탄압을 막무가내로 밀어붙이고 있습니다.

이와 같이 전쟁 위험이 전세계에서 가장 높은 지역에서, 가장 전쟁 위험이 임박한 시점에, 그리고 지난 30년의 대한민국 역사에서 가장 인권침해와 정치탄압이 극심한 자칭 혁명정부 아래에서 올림픽 게임이라는 국제적 축제를 벌이는 것은 올림픽 정신에 전혀 맞지 않습니다. 무엇보다도 수천·수만의 참여 선수와 관중의 안전을 무시하는 비이성적인 축제입니다.

나는 문재인 정부가 올림픽 개최에 앞서서 진지하게 미국의 북한 핵제거 정책에 동참하여 한미동맹을 진정으로 존중하고 박근혜 대통령을 석방하여 국내 화합과 평화를 이룩하여야 한다고 믿습니다. 그러한 선결 조건들이 충족되지 아니하는 한, 문재인 자칭 혁명정부가 정치적 목적으로 시행하는 위험하고 부도덕한 2018년 동계올림픽의 참여를 미국 정부가 거부할 것을 진심으로 호소합니다.

— 2017. 12. 9.

박근혜 대통령 탄핵사건을
어떻게 볼 것인가?

탄핵사건은 치밀한 사전 공작에 의하여 일어난 정변으로 보인다.

1. 박근혜 탄핵사건을 어떻게 보는가는 각인각색(各人各色)이다. 내가 만난 외국인들은 박근혜 대통령이 삼성 등의 기업체로부터 뇌물을 받은 사건이 검찰수사에서 드러나 삼성의 이재용 부회장은 구속되고 박근혜 대통령은 국회에서 탄핵·소추되어 헌법재판소에서 파면되었다고 알고 있다. 박근혜 대통령의 개인적인 뇌물부정사건이 드러나 법의 심판을 받고 물러났으므로 법치주의 입장에서 당연하다는 시각이다.

한국의 문재인 정부는 박근혜 탄핵사건을 '촛불혁명'이라고 부르고 있다. '박근혜 대통령이 세월호(世越號) 여객선 조난(遭難)사건 때 신속하게 구조조치를 취하지 않아 300여 명의 학생을 죽게 하였고, 최순실이라는 무식한 여자친구에게 국정(國政)을 맡기고 자신은 사교(邪敎)에 빠져 국정을 소홀히 하였기 때문에 국민의 5%만 박근혜 대통령을 지지하고 나머지는 퇴진을 원하였다. 이 민의(民意)를 좇아 국회가 탄핵·소추를 하고 헌법재판소가 파면을 하였다. 그리고 2017. 5. 9. 선거에서 문재인을 대통령으로 선출하였다. 따라서, 박근혜 대통령 탄핵은 비록 임기 중단의 정변(政變)이지만 民意에 의한 정변이므로 민주적인 시민혁명(市民革命)이다'는 해석이다. 정부의 공식적인 해석이며 언론과 시민단체의 주장이다.

2. 그러나, 세월호 조난자들이 박근혜 대통령의 부주의나 잘못으로 죽었다는 주장은 비상식적이다. 아니 너무 황당하다. 그럼에도 불구하고, 사고가 생긴 2014. 4. 16. 이후 수개월간 이 비상식이 한국을 지배하였다. 세월호 조난사건이 박근혜 대통령의 부주의에서 생긴 것이므로 박근혜 대통령은 무조건 자신의 사고 당일 7시간의 행적을 밝히고 국민에게 사과하라는 야당 국회의원들의 황당한 주장과 이 황당한 주장이 옳다는 언론의 일방적인 보도 그리고 그 황당한 주장을 지지한다는 수십만 군중의 외침이 한국사회를 태풍처럼 휩쓸었다.

박근혜 대통령이 최순실이라는 여자친구에게 국정을 맡기고 邪敎에 빠져 국정을 소홀히 하였다는 주장도 객관적 증거는 없다. 최순실은 아명(兒名)이고 본명은 최서원이다. 무식한 여자가 아니라 석사학위를 받은 지식인이다. 독일유학을 하고 한국에서 몬테소리 유치원을 운영한 교육자이고 사업가이다. 박근혜 대통령의 오랜 친구인 것은 맞지만 재산관리인이 아니다. 국정에 관여하였다는 것은 박근혜 대통령의 연설문을 한

두 번 읽고 의견을 주었다는 것 정도이다. 그러나 이런 진실은 전혀 보도되지 않았다.

2016. 10. 22. 부터 2016. 12. 9. 까지 50일간 한국의 언론들은 아무런 객관적 근거도 없이 최서원이 장·차관 인사를 주무르고 재벌들을 협박하여 수십조 원의 재산을 축재하고 이를 해외에 도피시켰다는 야당 국회의원들과 기자들의 근거 없는 추측을 마치 사실인 양 보도하였다. 박근혜 대통령의 사생활에 대하여도 온갖 추악한 가십과 루머로 지면이 채워졌다. 그리고 흥분한 군중들의 촛불데모가 연일 거리를 메웠다. 이성이 마비되고 비상식이 한국사회를 지배하였다.

3. 여기까지는 한국인들에게 매우 익숙한 과정이다. 한국에서는 2002년 6월에 미군 장갑차가 군사훈련 이동 중 여학생 2명을 치어죽인 사건('미선이' 사건 또는 '효순이' 사건)이 있었다. 그때에도 언론이 수개월간 미군의 고의적인 살인사건으로 몰아서 과장보도를 계속하였고, 좌파(민주당)의원들과 수만 명의 시민들이 미군철수를 외쳐대며 촛불데모로 반미운동을 벌였다.

또한 2008년 4월에는 국영방송 MBC가 수입한 미국 소고기를 먹으면 광우병이 걸린다는 근거 없는 보도를 하면서 좌파(민주당) 의원들과 시민단체들이 전국적인 미국산 소고기 거부운동을 일으키고 마침내 미국과 FTA를 체결한 이명박 정부의 퇴진을 요구하는 촛불데모가 전국적으로 일어나 이명박 대통령이 수차 사과성명을 내며 야당과 딜을 하여 겨우 수습하였다.

2014년 4월 세월호 조난사고 때도 앞에서 말한 것처럼 언론과 야당들이 승객의 구조를 외면하고 자신들부터 피신한 선장과 선원의 잘못을 비난하기보다 정부가 늦장대응을 해서 구조를 못하였다고 정부를 공격하자 이에 동조하여 수만의 시민이 또 다시 촛불을 들고 데모를 벌여 박근혜 정부의 퇴진을 요구한 전력이 있었다.

거의 6년 주기로 한국사회에서는 인명사고나 안전사고를 가지고 언론이 과장된 허위보도를 하면 좌파(민주당) 의원들과 시민단체들이 중심이 되어 정부를 공격하고 이에 동조하여 수만 명의 시민들이 촛불을 들고 거리에 나와 반정부 데모를 벌이는 것이 반복되어 한국사회의 전통 내지 습성으로 자리잡았다.

그런데, 어느 경우에도 정권교체 즉 정변(政變)으로 발전하지 않았다. 대한민국은 1987년 이래 4년마다 국회의원 선거가 있고, 5년마다 단임제 대통령 선거가 치러지는 안정된 민주정치 체제가 자리잡고 있기 때문이었다. 국민들도 2016. 10. 20. 경 최순실 비리 사건이 언론에 보도될 때만 해도 이것이 임기 중에 대통령이 물러나는 정변으로 발전하리라고는 누구도 생각하지 않았다.

4. 2016. 10. 20 경 발생한 최순실 비리사건이 탄핵정변으로 발전한 직접적 계기는 2016. 11. 20. 서울중앙지방검찰청 검사장(이영렬)이 '박근혜 정부가 생활스포츠 발전이라는 명분하에 설립한 미르스포츠 재단과 케이스포츠 재단을 박근혜 대통령이 최순실과 공모(共謀)하여 처음부터 자신의 사유화(私有化)를 목적으로 재단들에 특혜를 주고 그 대신

재단 출연금 명목으로 기부금을 받아 설립하였다. 따라서 재벌들이 낸 출연금 760억 원은 뇌물의 수수가 된다'는 억지스러운 법률적용을 하여 최순실을 박근혜 대통령의 공범자로 구속 기소하고 박근혜 대통령을 주모자로 공표한 데서 시작되었다 .

이것은 지금까지 있었던 미선이 사건, 광우병 사건, 세월호 사건, 최순실 비리사건과는 그 차원이 다르다. 단순한 정치공세가 아니라 개인의 비리에 대한 직접적인 법률공격이다. 만일 검사의 주장이 옳다면 박근혜 대통령은 정치적으로 무능하거나 잘못된 것이 아니라 부도덕하고 파렴치한 범죄인이 된다. 대통령직을 당장 그만두고 오히려 감옥소에 가야 한다.

특히, 뇌물은 박근혜 대통령에게 가장 치명적인 인신(人身)공격이다. 박근혜 대통령은 가족이 없는 독신여자로서 사생활이 근엄하여 청렴결백의 상징이었다. 그녀에 대한 정치적 인기의 기본은 그녀의 청렴하고 강직한 도덕성이다. 실제로 박근혜 정부는 재임 중 아무런 부정 스캔들이 없었다. 그녀는 5만 원 이상의 선물을 금지하는 파격적인 입법을 시행한 대통령이다. 그런데 그녀가 재벌들로부터 수백억의 뇌물을 받았다니 지금까지 그녀가 쌓아온 모든 정치적·인간적 신뢰가 일시에 무너진 것이다.

언론은 그녀를 재벌과 결탁하여 수백억 원의 뇌물을 받은 나쁜 대통령이라고 비난하는 기사를 연일 실었다. 촛불데모대가 그녀와 삼성전자의 이재용 부회장을 처단하는 퍼포먼스를 벌였다. 어린 학생들이 두 사람의 얼굴을 공에다 그려 발로 차는 놀이를 서울의 도심 한복판에서 벌였다. 언론은 이를 크게 보도하였다. 재벌과 권력자에 대한 증오와 잔혹한 복수심이 한국사회를 휩쓸었다.

5. 분명한 것은 박근혜의 뇌물사건은 없다. 박근혜 대통령은 자신이 2016. 10. 20. 국민에게 발표한 대국민 사과성명, 2017. 1. 1. 신년 기자회견에서 밝힌 자신의 결백 선언, 2017. 1. 25. 정규재 주필과의 단독인터뷰에서 말한 결백 주장, 그리고 2017. 2. 27. 헌법재판소에 보낸 최후진술서를 통해 일관되게 자신은 정치생활에서 단 한 푼의 뇌물도 받지않았다고 당당하게 밝혔다. 박근혜 대통령에게 뇌물을 주었다는 사람도없다. 박근혜 대통령의 은행계좌에 검은돈이 입금되었다는 어떤 주장, 증거도 없다.

있는 것은 오직 삼성전자 등 대기업들이 전경련을 통하여 공개적으로미르 재단, 케이스포츠 재단이라는 두 공익재단에 기부한 재단 기본재산 출연금 760억 원이 박근혜와 최순실의 공동 개인돈(私金)이므로 박근혜 대통령은 뇌물죄가 된다는 대한민국 검사들의 비상식적인 주장뿐이다. 앞에서 본 세월호 조난자가 박근혜 대통령의 부주의로 죽었다는주장과 비슷한 비상식적인 주장이다(기업들의 기부금은 모두 세금계산서가 발부되고 세무서에 신고되었다. 그리고 재단의 장부에 기본재산으로 입금되고 구좌에 입금되었다. 이사들이 재산을 관리하고 정부의 감독을 받는다. 박근혜 대통령의 친인척은 이사진에 없다. 최순실도 이사가 아니다. 공익 재단의 기본재산을 박근혜 대통령의 개인 재산과 동일시 할 수 있는 어떤 근거도 없다).

6. 이 비상식적인 검찰 주장이 법원 판사들에 의하여 상당한 이유 있

는 주장으로 인정되어 최순실은 구속영장이 발부되고 기소되어 재판받았다. 그리고 공범자인 박근혜는 먼저 국회에서 탄핵·소추되어 대통령 직무가 정지되고 그 후 헌법재판소에서 파면되었다.

세월호 조난사건, 최순실 비리 사건, 공익재단 설립과 출연금 사건 이 세 가지 사건이 모두 상식적으로는 대통령을 탄핵할 비리나 부정이 아니다. 그러나 언론·국회·군중·검찰·법원이 모두 이성을 잃고 비상식적인 언론보도, 비상식적인 군중데모, 비상식적인 검찰기소, 비상식적인 국회 소추, 비상식적인 헌법재판소 결정으로 계속 연쇄적으로 이어져서 결국 박근혜 대통령이 파면되고, 두 달 뒤 문재인이 대통령으로 선거에서 선출되어 후임 대통령이 된 것이다. 이렇게 보면, 박근혜 대통령 탄핵사건은 한국 국민이 일시적으로 정치 열풍에 빠져 빚어낸 정치·사법의 해프닝이다. 이론과 논리가 적용되지 않고 오로지 감정과 분노가 지배한 집단 열병이다.

7. 돌이켜 보면 2016. 10. 20. 부터 짧게는 2016. 3. 10. 까지 5개월간, 길게는 2017. 5. 9. 대통령 선거일까지 7개월간 이런 비상식적인 정치 열풍이 수천만의 국민을 그것도 한국사회의 지도층인 언론·국회·검찰·법원을 지배하였다는 것은 단순히 해프닝으로만은 설명이 안 된다. 더욱이 1년이 지난 지금도 박근혜 탄핵에 대하여 비판이나 반성이 일어나지 않고 있고 박근혜 대통령이 여전히 차가운 감옥소에 갇혀 있는 현실을 볼 때 탄핵사건을 해프닝이나 실수로만 넘길 일은 아니다. 오히려, 박근혜 대통령을 임기 전에 대통령직에서 몰아내고 정권을 잡으려는 정치음

모 내지 정치공작이 있었고 그 공작이 성공한 것이라고 보는 것이 현실에 가깝다.

결과로 본다면 문재인을 대통령으로 세우려는 정치세력이 언론·시민단체·검찰·법원·국회·헌법재판소를 총동원하여 탄핵사건을 일으키고 끌고 나간 것이라고 볼 수밖에 없다. 그런 점에서, 탄핵사건은 치밀한 사전 공작에 의하여 일어난 정변으로 보인다.

8. 문재인 정부가 임기를 성공적으로 마치고 후임자에게 정부를 무사히 넘긴다면 탄핵정변은 문재인 정부의 말대로 위대한 시민혁명 즉 '촛불혁명'으로 한국의 헌법 전문(前文)에 기재될 것이다. 그러나 만일 문재인 정부가 임기를 못 마치거나 반대 세력에 정권이 넘어가면 탄핵정변은 합법적인 정부를 거짓 선동과 위법한 수사·기소·재판으로 전복시킨 반역(反逆) 사건으로 재심을 받게 될 것이다.

－ 2017. 12. 18.

창피한 중국방문,
진짜 민족주의로 돌아가자

애국서신 ⑦: 오죽 얕잡아 보였으면 국빈으로 간 대통령이, 초청해 주는 사람
이 없어 혼자 밥 먹고 온단 말입니까?

여러분, 한국은 작은 봉우리고 중국은 큰 봉우리라고 중국 대학생 앞
에서 한국의 대통령이란 사람이 연설을 했습니다. 겸손이 지나치면 아첨
이 되고 아첨은 비굴이 됩니다. 한국 대통령이 중국 대학생들에게 이렇
게 한국은 작은 나라라고 겸손이 아닌 아첨, 비굴을 떨어서 얻은 게 무
업니까? 중국의 공안원이 한국 대통령 수행기자들을 개 패듯이 패도 항
의 한번 못합니다. 보다 못한 외신들이 대신 항의를 해주고 있습니다. 조
선시대 말에 중국의 총독 원세개가 조선임금에게 아무리 무례하게 굴어
도 조선사람들이 말 한 마디 못하니까 보다 못한 외국 사신들이 대신 항
의해준 역사가 생각납니다.

오죽 얕잡아 보였으면 국빈으로 간 대통령이, 초청해 주는 사람이 없

어 혼자 밥 먹고 온단 말입니까? 삼성의 임원들도 이런 대접은 안 받습니다. 대한민국 역대 대통령 중 이런 대접받은 대통령은 한 사람도 없습니다. 박근혜 대통령은 천안문 광장에서 시진핑, 푸틴과 나란히 서서 환호하는 군중들에게 미소로 답하며 손을 흔들지 않았습니까! 너무나 대조됩니다. 약자는 강자에게 당당해야 대접을 받는 법인데, 문재인은 외교의 기본을 모르는 겁니다.

진보좌파들이 거품 무는 주체사상, 민족주의란 것이 실상은 이렇게 동족 죽이기와 강대국 눈치 보기입니다. 저들은 가짜 민족주의, 가짜 주체사상입니다. 진짜 민족주의, 진짜 주체사상은 이런 게 아니라 이승만·박정희 대통령처럼 미국, 일본 같은 강대국에는 고개 들어 자국과 자국민의 이익을 챙기고 동족에게는 자기 목숨 바쳐 희생하는 겁니다. 이승만, 박정희의 진짜 민족주의, 애국정신으로 돌아갑시다.

— 2017. 12. 18.

7

황당한 박근혜·최순실 '조직범죄' 시나리오가 나라를 망쳤다

과연 이 사람들이 검사가 맞나? 그런 황당한 구속영장을 기각하지 않고 발부해주는 판사가 과연 판사 맞나? 그런 황당한 공소장을 각하나 수정 지시하지 않고 1년 이상 재판하는 판사들이 과연 판사가 맞나?

2017. 12. 14. 최순실(본명 최서원) 사건이 1년여 재판 끝에 결심(結審)이 되었다. 검사가 25년형을 구형하였다. 공범자라는 박근혜 대통령은 탄핵이 되어 대통령직을 잃고, 2017. 4. 17. 부터 감옥소에서 재판을 받다가 6개월 구속기간을 불법으로 연장시킨 2017. 10. 13. 부터 재판 거부 투쟁을 선언하였다. 공동피고인인 최서원은 울면서 박근혜 대통령과 자신의 결백을 호소하고 있다. 며칠 전 최서원의 변호인 이경재 변호사가 쓴 최종변론서를 구글에서 다운받아 보았다. 검찰의 수사횡포가 이 지경인지는 미처 몰랐다. 이 나라 법치주의가 어쩌다 이 모양이 되었나!

최순실은 2016. 11. 20. 서울지검으로부터 첫 번째 기소를 당했다. 이후 2017. 4. 26. 까지 5차에 걸쳐 추가 기소가 있었다. 모두 6건의 공소가 제기되었다. 구속영장이 세 번이나 발부되었다. 구속영장 1회 발부가 6개월의 구속재판 기간을 의미한다. 3회 발부되었으니 지나간 구속재판 기간만 1년이 넘는다. 구속재판 기간이 1년을 넘는 사건은 한국사법 역사에 없는 일이다.

2017. 12. 14. 결심까지 150여 회의 공판이 열렸다. 검찰 증거기록은 25만 쪽에 이른다. 변호인의 최종의견서만 600페이지이다. "전쟁같은 재판이었다", "끝까지 재판을 버틴 피고인들이 기적이다" "이 사건 재판은 대한민국 형사사법 사상 거의 모든 기록을 갈아치웠다"라고 변호인(이경재)은 12. 14. 최종변론에서 심경을 말했다.

최순실 비리사건(非理事件)은 박근혜 대통령 탄핵정변의 단초(端初)이자 核心이다. 한국의 언론은 최순실 비리를 최순실 개인의 비리가 아니라 박근혜 대통령 더 나아가 박근혜 정부의 총체적 비리 즉 '국정농단 사건'으로 과장 보도하였다. 이것이 군중을 자극하여 촛불데모로 발전하였다. 만일 여기서 끝났다면 최순실 사건은 과거의 광우병 보도나 세월호 보도처럼 언론의 허위, 과장보도가 반정부 촛불데모를 일으켜 정부를 퇴진 일보 전의 막다른 궁지로 몰고 갔다가 대통령이 사과하고 야당에게 큰 선물 하나 줘서 결국 흐지부지 넘어가는 일회성 태풍으로 끝났을 것이다. 지금쯤 국민들은 최순실이란 이름도 까맣게 잊었을지 모른다.

최순실 사건을 과거의 광우병·세월호 사건과 달리 대통령의 탄핵사건, 더 나아가 문재인 같은 사나이를 대통령으로 뽑아 나라를 패망 일보 전의 나락으로 떨어뜨린 것은 한국의 검찰이다.

한국의 검찰은 새로운 권력자로 부상한 국회와 여론에 비위를 맞추어 최순실의 비리를 '국정농단' 비리로 법률 구성하는 방안을 모색하다가 찾아낸 것이 바로 박근혜 대통령과 최순실을 한데 묶어 재벌기업들로부터 돈을 뜯어 나누어 먹는 것을 사업 목적으로 하는 하나의 공동사업체 즉 범죄조직으로 이론을 구성한 것이다.

그리고 미르재단·케이스포츠재단은 바로 그 범죄조직이 설립·운영하는 사업체로 구성하였다. 미르재단·케이스포츠재단은 형식만 공익재단이고 실질은 '박-최' 범죄조직의 돈 뜯는 창구라는 가설(假說) 아래 재단성(財團性) 즉 독립된 법인격(法人格)을 전적으로 부인(否認)하였다.

이렇게 법률 이론을 구성하면, 재벌들이 양 재단에 낸 설립기금은 '박-최' 범죄 조직의 범죄 이득금이 된다. 최순실이 개인적으로 얻은 이득금도 전부 범죄조직의 이득금이 된다. 따라서 박근혜 대통령은 구체적으로 알든 모르든 무조건 공동 형사책임을 지게 된다. 또한 최순실은 비록 공무원이 아니지만 박근혜 대통령이 공무원이므로 최순실에게도 뇌물죄, 직권남용죄. 공무상비밀누설죄 같은 공무원 범죄(犯罪)의 신분범(身分犯) 책임을 지울수 있다.

그런데 대통령 박근혜와 민간인 최순실 두 사람만으로는 범죄조직 가설이 성립되기에 부족하다. 박 대통령, 최순실 두 여인과 재벌기업과를 연계시키는 연결고리가 필요하다. 그래서 찾아낸 것이 안종범 경제수석이다.

한국의 검찰은 안종범 수석을 넣어 박근혜 대통령이 범죄조직의 두목 즉 수괴(首魁) (11. 20. 이영렬 서울지검장이 국민에게 공표한 최순실 수사 결과 발표문에서 박근혜 대통령을 主犯이라고 명시했다), 최순실은 박근혜 대통령과 一心同體(한국의 검찰은 두 사람을 '경제공동체'라고 표현하였다) 즉 박근혜 대통령의 분신(分身)으로 공동수괴(共同首魁), 안종범 비서관은 박근혜 대통령과 최순실 이 두 首魁의 하수인(下手人), 즉 종범(從犯)으로 법률 구성했다.

그 결과 박근혜 대통령, 안종범 수석, 최순실 이 세 사람은 하나의 범죄조직으로서 자신들이 만져보지도, 구경도 못한 미르재단·케이스포츠재단의 설립자본금 760억 원의 사실상·실질상 소유자로 인정되고 미르재단·케이스포츠재단은 졸지에 범죄단체의 사업체가 되어 불법단체로 해산(解散)이 된 것이다(기업들이 설립 기금으로 낸 돈은 범죄금품으로 몰수하기 위해 압수중일 것이다).

한국의 검찰은 박 대통령과 안종범이 재벌기업 총수들을 만난 목적은 미르재단·케이스포츠재단을 만들어 기본재산을 출연받는다는 명목 하에 재벌기업들로부터 돈을 뜯어낼 목적이었다고 두 사람의 마음을 멋대로 읽었다. 한국 판·검사들이 전가(傳家)의 보도(寶刀)로 쓰는 특이한 재능, 증거 없이 직관으로 피의자·피고인의 마음을 읽는 소위 독심술(讀心術)이다.

이어서, 박 대통령과 안종범이 기업 총수들과 만나 재단설립에 참여할 것을 강요하였다고 역시 아무런 증거도 없이 우겼다(이 역시 한국의 검찰과 법관이 즐겨 쓰는 떼쓰기 기법이다). 더 나아가, 최순실은 재단의 인사권을 행사하고 운영권을 장악하였다고 말장난을 한다(재단의 인사권, 운영권은 재단 정관상 이사회가 갖고 행사하지 어떻게 이사도 아닌 최순실이 갖고 행사한단 말인가?). 결론은 15~16개 대기업이 출연한 760억 원을 '박-최-안' 세 사람이 이득하였다는 것이다. 이 역시 황당한 이야기이다(돈은 재단 장부에 있는데 어떻게 '박-최-안' 3인이 이득을 한단 말인가?)

한 마디로 논리도 없고, 증거도 없고, 법리도 없고, 상식도 없다. 있는 것은 오로지 무지와 오만과 억지뿐이다.

이렇게 황당한 내용으로 구속영장을 작성하여 법원으로부터 영장을 발부받고 공소장을 작성하여 법원에 제출, 기소하였다. 그리고 법원은 이 황당한 기소장을 가지고 1년 이상 재판을 하고 있다.

박근혜 대통령에 대하여는 헌법 제84조의 대통령은 재직중 내란·외환의 죄를 범한 경우를 제외하고는 형사소추를 받지 않는다는 규정을 적용하여 기소하지 않고 그 대신 국회로 하여금 탄핵을 소추(訴追)하게 하였다.

2017. 2. 28. 에는 국회가 지명한 박영수 특별검사(特別檢事)가 최순실과 안종범을 뇌물죄(賂物罪), 알선수재죄(斡旋收財罪)의 공범(共犯)으로 추가기소(追加起訴)하였다. 이 공소장에는 박근혜 대통령이 공범으로 명시되었다. 헌법재판소는 2017. 3. 10. 파면결정을 내렸다.

요약하면, 박근혜 탄핵 사건은 처음에 JTBC를 비롯한 한국의 언론이 최순실의 개인비리를 '국정농단' 비리로 과장하여 보도하였는데, 검찰이 언론의 이 과장·허위보도를 '박근혜-최순실-안종범' 3인의 조직범죄 시나리오로 법률 구성하여 국회와 헌법재판소에 넘겨줌으로써 법적인 무기로 바뀌었다. 국회와 헌법재판소가 검찰의 이 황당한 '박-안-최' 조직범죄 가설(假說)을 승인하여 탄핵정변이 성공하였다. 이것이 지난 1년 동안 일어난 탄핵정변의 실체이다.

우리 한번 냉정히 생각해 보자. 공익재단의 돈을 '박-안-최' 3인이 자신들의 계좌로 이전시킬 무슨 방법이 있단 말인가? '박-안-최' 3인이 두 재단의 돈을 개인 사유화시킨 후엔 어떻게 분배하기로 하였단 말인가? 분배 약정이 없으면 이익범죄 조직은 구성이 불가능하다. 이득분배 보장도 없이 범죄조직에 가담하는 사람 보았나?

미르재단·케이스포츠재단을 사유회시키자는 범죄 모의를 '박-안-최' 3인이 언제, 어디서, 어떤 형식으로 하였단 말인가? 범죄 모의의 일시·장소·모의 내용도 모르면서 어떻게 범죄조직을 만들었다고 기소할 수 있나?

과연 이 사람들이 검사가 맞나? 그런 황당한 구속영장을 기각하지 않고 발부해주는 판사가 과연 판사 맞나? 그런 황당한 공소장을 각하나 수정 지시하지 않고 1년 이상 재판하는 판사들이 과연 판사가 맞나?

한국의 법치주의는 언론·국회·노조·변호사가 죽인 것이 아니다. 법의 근본 정신, 원리도 모르면서 법률 잔재주로 권력과 돈을 쫓는 검사와 법관이 죽인 것이다.

나라의 심장인 청와대를 범죄조직으로 공표하고 나라의 대통령을 범죄 조직의 수괴로 모는 검사·법관·국회가 지배하는 나라, 과연 이것이 나라인가! 대한민국은 나라가 아니다.

언론·국회·검찰·법원·노조·변호사·학자 등의 문자를 가지고 노는 문신(文臣), 양반(兩班) 계급들이 수단, 방법을 가리지 않고 거짓말과 사기, 음해, 모략으로 권력투쟁을 벌이는 조선왕조의 연장이다. 시대에 뒤진 이 양반계급들을 깨끗이 청산하는 시민 혁명이 일어나야 한다. 나는 그 혁명을 기다리며 준비하련다.

나는 내가 한국의 판사였고 변호사인 것이 부끄럽다. 박근혜 대통령, 안종범 수석비서관, 최순실 세 분께 무릎 꿇고 대신 사죄를 드린다.

— 2017. 12. 21.

한국적인 너무나 한국적인
탄핵 드라마

상식을 벗어난 검찰의 법률 구성, 그 상식에 안맞는 법률에 도장을 찍어 영장을 발부하고 판결을 내린 판사들, 거기에 병든 언론의 가세. 모두 졸속(拙速)과 거짓 그리고 비겁과 무책임이다.

⑴ 세계 제1차대전이 사라예보에서 터진 한 방의 총성에서 시작되었다면, 한국의 현대사를 바꾼 박근혜 대통령 탄핵사건은 한국의 한 텔레비전 방송사가 특종을 노리고 만든 태블릿PC 조작(造作) 보도에서부터 시작되었다.

한국 역사에서 정변(政變)은 흔히 여자, 증거조작, 밀고(密告) 그리고 배신(背信)에서 시작한다. 그리고 密告와 背信이 잔혹(殘酷)한 고문(拷問)과 형옥(刑獄)으로 발전하고, 마지막엔 敗者(패자)와 그 그룹이 죄인으로 몰려 사형(死刑)선고를 받고 전재산(全財産)을 몰수(沒收)당하고 형틀에 매어 처단(處斷)되거나 사약(賜藥)을 받거나 오지(奧地)로 유형(流刑)을 당하는 것으로 끝난다. 이것이 조선시대 그리고 오늘날 북한에서 일어나는 정변(政變)의 패턴이다.

박근혜 대통령 탄핵사건도 이 한국적인 政變 패턴을 따라 진행되었다. 박근혜라는 독신여성 대통령과 그녀의 오랜 친구 최순실과 그녀의 승마선수 대학생 딸 정유라 양(孃)에 관한 진실 반(半), 거짓 半의 흥미진진한 프라이버시 가십(Gossip)에서부터 시작되었다. 소위 '최순실-정유라의 승마입학 비리'이다. 최순실-정유라 두 여인의 넌센스같은 각종 비리(非理) 루머는 박근혜 대통령 탄핵정변의 단초(端初)이자 핵심(核心)이다.

(2) 2016. 10 중순경부터 언론과 국회에서 갑자기 최순실이란 여자의 이름이 나오면서 최순실이 박 대통령의 오랜 친구로서 정권(政權)의 숨은 실세라는 소문이 돌기 시작했다. 10. 24. 중앙일보 계열의 TV 방송사 JTBC가 특별기획 방송에서 박근혜 대통령이 장관, 차관과는 소통을 하지 않고 오랜 친구 최순실의 말만 듣고 정치를 한다며 그 증거로 태블릿 PC 한 대를 보여주었다. 최순실의 소유인데 방송사가 우연히(?) 입수하였다며 그 PC에서 뽑아냈다는 몇 개의 동영상을 방영(放映)하였다.

그 영상중에는 최순실 가족들의 모임 사진, 최순실과 박 대통령 일행의 독일여행 사진 등과 함께 최순실이 박 대통령의 연설문을 수정하였다는 수정연설문 사진 등이 선택되었다. 이 사진들이 박 대통령과 최순실은 한 가족 같은 사이이고 최순실이 박근혜 대통령의 숨은 막후실세라는 항간(巷間)의 소문들이 모두 진실이라는 것을 증명하는 움직일 수 없는 증거라고 손석희 방송사 사장 겸 앵커가 아주 진지한 표정으로 발표하였다.

눈앞에서 보여주는 물증(物證)에 대중들이 쉽게 넘어갔다. 그로부터, 박근혜, 최순실, 정유라 이 세 여인들이 저질렀다는 각종 넌센스와 어이없는 비리(非理)가 사실검증 없이 언론에서 경쟁적으로 봇물처럼 터져나왔다. 흥분한 시민, 노조, 시민단체가 거리에 쏟아져 나와 대규모 反박근혜 시위를 벌였다. 매주 주말에 서울 등 전국의 도시에 시위가 퍼져나갔다. 참여자는 장년층에서 젊은층으로 그리고 마지막엔 어린 초등학생까지 확대되어 모두들 촛불을 들고 거리에 쏟아져나와 박 대통령의 퇴진(退陣)을 외쳤다.

한 달여 간 이 시위가 지속되고 (시민들이 퇴근 후 촛불을 들고 거리에 나와 집회를 기획연출한 주최측, 주로 좌파 시민단체들이 불러온 인기 팝가수, 한류가수, 영화탤런트, 인기 코미디언, 그리고 야당 정치인들의 퍼모먼스를 즐기며 진행되었다. 그래서 언론들은 '촛불혁명', '문화시위'라는 멋진 이름을 붙였다) 참여자 수가 눈사람 굴리듯이 확대되었다. 당시 박근혜 대통령의 지지도는 5%라는 언론의 발표가 계속 나왔다.

(3) 많은 사람들이 2016. 10. 24. JTBC-태블릿PC 보도 방송을 탄핵사건을 불러온 사라예보의 총성으로 보고 있다. 그러나 돌이켜보면 박근혜 대통령 탄핵사건의 방아쇠를 당긴 것은 JTBC 방송 그 자체라기보다는 그 다음날 바로 전국 방송에 나간 박 대통령 자신의 성급한 사과

방송(謝過放送)이었다.

내용 자체는 JTBC 방영내용이 사실과 다르다는 해명(解明)이지만 형식은 謝過로 시작해서 謝過로 끝난 謝過 방송이었다. 대중들은 謝過라는 형식만 보고 박근혜 대통령이 잘못했고 방송은 옳았다고 단정(斷定)했다.

박근혜 대통령의 謝過 방송이 나가자마자, 언론은 이 사과 방송을 박 대통령이 자신의 잘못을 최순실에게 떠넘기는 부도덕하고 뻔뻔한 태도라고 역공(逆攻)을 하고 대중은 더욱 분노하였다. 시민들의 촛불데모는 탄력을 받아 점차 커지면서 거대한 산불로 변하였다. 대한민국 내 어느 누구도 쓰나미처럼 밀어닥치는 박근혜 퇴진 시위의 봇물을 막을 수 없게 되었다.

검찰과 국회는 광풍(狂風)으로 변한 대통령 퇴진(退陣)·사퇴(辭退), 하야(下野)·탄핵(彈劾) 여론에 영합(迎合)하여 서울중앙지방검찰청이 특별수사팀을 만들어 수사에 착수하고, 국회도 특별검사법(特別檢事法)을 결의하여 박영수 특검(特檢)을 발족시켰다. 형식은 최순실의 비리 조사이지만 실제는 박 대통령에 대한 비리 조사이다. 이러한 배경 속에서, 최순실은 독일에서 급히 귀국하여 2016. 10. 31. 검찰에 조사를 자청하였다.

검찰은 11. 3. 최순실과 안종범 경제수석비서관을 구속하였다. 서울중앙지검과 국회의 2주간에 걸친 총력적인 조사 끝에 11. 20. 마침내 서울지검 특수본(特搜本)은 최순실, 안종범에 대한 수사결과를 발표함과 동시에 두 사람을 법원에 기소(起訴)하였다.

(4) 그런데 전국에 방영된 이 수사결과 발표에서 누구도 예상하지 못한 일이 발생하였다. 이영렬 서울중앙지검 특수본부장(中央地檢特搜本部部長) 겸 서울중앙地檢長은 박근혜 대통령이 최순실의 교사(敎唆)를 받아, 미르재단, 케이스포츠재단을 설립, 출연금을 기부받았다고 수사결과를 발표하였다. 적용 죄명은 형법의 강요죄, 직권남용죄이다. 박근혜 대통령을 주범(主犯), 안종범 수석을 종범(從犯), 최순실을 교사범(敎唆犯)으로 3인의 관계를 설정하였다. 다만 박근혜 대통령은 헌법 제84조의 대통령 에 대한 형사소추 면책특권 규정에 따라 기소를 아니하고 최순실, 안종범 두 사람만 기소한다고 발표하였다. 그 대신 박근혜 대통령에 대하여는 국회에게 탄핵소추를 건의하였다.

세 여인들의 넌센스 가십으로 시작한 흥미거리 非理뉴스가 검찰과 국회의 조사를 거치면서 박근혜 대통령과 최순실, 안종범 3인의 '강요·직권남용'이라는 파렴치한 권력 협박에 의한 경제이득 범죄로 탈바꿈되었다. 이제 칼자루는 언론과 시민단체에서 국회와 검찰·법원에게로 넘어갔다. 사회적 이슈에서 정치·사법의 이슈로 바뀌었다. 한국형 정변(政變) 패턴의 제2단계인 정치권력과 사법권력의 잔혹(殘酷)한 고문(拷問), 인권침해와 법을 악용하는 형옥(刑獄)의 단계로 넘어갔다.

언론과 대중은 마치 로마의 시민들이 콜로세움에서 벌어지는 사자와 기독교인들의 싸움을 즐기듯이 세 여인과 그 그룹들이 언론의 절대적인 지원하에 무소불위의 국가권력을 행사하는 국회와 검찰로부터 가차없이 당하는 잔혹한 拷問과 刑獄을 즐긴다.

(5) 대통령의 지휘하에 있는 검찰이 현직 대통령을 이렇게 파렴치한 범죄인으로 공표한 것은 대한민국 역사상 처음이다. 그것도 최순실이라는 무식한(실제는 대학원을 졸업했다.) 여자의 교사(敎唆)를 받아 마치 어린아이처럼 시키는 대로 범죄를 저질렀다고 완전히 박근혜 대통령의 인격과 능력을 무시하는 내용이다.

(현직 대통령에 대한 이런 검찰발표가 당시 검찰총장, 법무장관, 총리의 승인 없이 발표되었다고 보기는 어렵다. 이 시점에서 이미 박근혜 대통령은 황교안 총리 등 자신이 임명한 총리·장관·검찰로부터 완전히 버림을 당했다고 보인다.)

검찰이 현직 대통령을 사실상 고발하는 이변(異變)이 일어나면서 박근혜 대통령은 대통령으로서의 권위(權威)를 완전히 상실하였다. 박 대통령의 퇴진이 불가피하다고 본 많은 여당(새누리당) 의원들이 급속히 야당의 탄핵작전에 동참(同參)하여 넘어갔다.

(6) 한국의 검찰과 국회는 박근혜 대통령을 정치적·법적으로 최순실과 하나로 꽁꽁 묶는 방법을 찾았다. 그것이 소위 두 사람은 마치 남녀 부부같은 하나의 '경제공동체'이며, 두 사람이 재벌기업들로부터 돈을 뜯어 재단을 만들어 같이 재단을 운영하며 노후를 즐기기로 공모(共謀)하였다는 가설(假說)이다.

(불행히도 박근혜 대통령은 독신 여성이고 최순실은 이혼녀이다. 두 여인이 공교롭게 남편이 없다 보니 '경제공동체'라는 검찰의 시나리오가

나온 것이다. 만일 두 여인중에 하나라도 남편이 있었으면 검찰은 '경제공동체' 시나리오를 만들 수 없었을 것이다.)

미르재단·케이스포츠재단은 '박-최' 2인조 '경제공동체'가 노후용(老後用)으로 설립한 재단이다. 이 가설(假說) 아래 두 공익재단은 재단성(財團性) 즉 독립된 법인격(法人格)이 철저히 부인(否認)되었다(法人格否認論). 이렇게 해서 2012. 12. 대통령 선거에서 51.6%의 지지를 받아 48%의 지지에 그친 문재인 후보를 당당히 누르고 대한민국 역사상 최초로 뽑힌 여성 대통령, 부녀(父女) 대통령(박근혜 대통령의 아버지는 故 박정희 대통령이다)은 헌법이 정한 5년 임기중 1년여 기간을 남기고 하루아침에 파렴치한 2인조 여성범죄 조직의 수괴(首魁)로 전락(轉落)하였다.

그런데 대통령 박근혜와 민간인 최순실 두 사람만으로 재벌기업체의 돈을 뜯는 여자 정치깡패 조직으로 몰기엔 논리상 허점이 있다. '박-최' 두 사람과 재벌기업을 연계시키는 연결고리가 필요하다. 그래서 찾아낸 것이 안종범 경제수석이다. 한국의 검찰은 안종범 수석을 끌어들여 안종범 수석에게 '박-최' 여성 경제공동체, 다른 말로 하면 2인조 여성 정치공갈범죄 조직과 재벌기업들을 연계시키는 연결고리 역할을 맡겼다. 법적으로는 박근혜 대통령과 최순실 두 수괴(首魁)의 하수인(下手人), 즉 종범(從犯)으로 법률구성했다. 이렇게 해서 '박-최' 2인조 여성 경제공동체의 범죄는 '박-최-안' 3인조의 남녀혼성 정치권력 깡패조직으로 확대되었다.

박근혜 대통령, 최순실 이 두 사람은 미르재단·케이스포츠재단의 설립자본금 760억 원의 사실상·실질상 소유자로 둔갑(遁甲)되었다. 그리고, 합법적인 설립목적과 설립절차를 마친 공익재단 미르재단·케이스포츠재단은 졸지(猝地)에 '박-최 여성경제공동체' 즉 여성 정치깡패 조직의 사업체가 되어 불법단체로 해산(解散)이 되었다. 그리고 재단의 모든 재산은 압수(押收)되었다.

(7) 이 가설(假說)의 결론은 15~16개 대기업이 출연한 760억 원을 '박-최' 두 사람이 이득하였다는 것이다. 즉, 국회와 검찰의 주장에 의하면 재단이 대기업들로부터 출연받은 760억 원의 설립자본금은 재단의 소유가 아니라 '박-최' 2인의 소유이다. 다만, 범죄이득이므로 국가가 몰수한다. 이 부분이 아주 미묘하고 흥미롭다. 당초 2016. 11. 20. 서울지검 특수본부가 수사결과를 발표할 때는 기업들이 박근혜 대통령의 강요를 받아 기부한 것이라고 발표하였다. 죄명도 직권남용과 강요이다. 둘 다 징역 5년 이하의 징역형이라 아주 중형은 아니다.

또한, 이 죄명대로 하면 재단(財團)에 출연(出捐)한 기업들은 강요죄(공갈죄와 유사하다) 피해자이다. 따라서 국가는 의당 출연금을 기업들에게 돌려주어야 한다. 그런데 국회가 2016. 12. 9. 박근혜 대통령을 탄핵소추를 의결하면서 느닷없이 위 760억 원 중 삼성, 롯데, 에스케이 이 세 그룹이 낸 출연금(440억: 롯데가 바로 돌려받은 추가 출연금 70억도 포함)은 위 기업들이 박 대통령으로부터 출연을 강요당한 것이 아니라 박 대통령이 위 기업들의 현안(懸案)들을 해결해주는 대가로 위 기업들이 박 대통령에게 뇌물을 바친 것이다라고 검찰과 전혀 다른 독자적인 법률 해석을 내렸다.

이렇게 되면 박근혜 대통령의 범죄는 특가법상의 뇌물죄가 되어 무기징역 또는 10년 이상의 무거운 형벌이 내려지는 중범죄(重犯罪)가 된다고 국회의 소추장은 특별히 강조하고 있다. 수사기관도, 사법기관도 아닌 국회가 검찰도 죄가 성립 안된다고 보아 기소하지 않은 440억 뇌물죄를 아무런 객관적 증거도 없이 탄핵소추장에서 제일 무거운 탄핵사유로 추가한 것은 오로지 하나의 목표, 탄핵사유를 중죄(重罪)로 하여야 탄핵소추의 정당성·가능성이 커진다는 계산 때문이라고 보인다.

원래 탄핵제도는 대통령도 법 앞에 평등이라는 법치주의 정신에서 나온 것인데, 한국의 정치인들에게는 탄핵이 선거 없이 대통령을 쫓아내는 정치수단으로만 보인 것이다.

그러나, 이렇게 뇌물죄(賂物罪)로 죄명이 바뀌면 위 세 재벌들이 출연한 370여억 원(출연 후 바로 돌려받은 롯데의 추가 출연금 70억을 제외한 금액)은 뇌물의 증거이므로 국가에 몰수(沒收)된다. 그리고, 위 기업의 총수들은 피해자가 아니라 박 대통령의 공범자(共犯者)가 되어 구속이 되고 사실상 사업을 하기가 어렵다.

(현재 검찰은 삼성그룹 총수 이재용 부회장만 구속 재판하고, 롯데그룹 신동빈 회장은 불구속 재판하고 있다. 왜 달리 취급하는지는 모른다. 왜 삼성과 롯데그룹, 에스케이그룹 세 그룹의 출연금만 뇌물이 되고 다

른 기업들의 출연금은 뇌물이 안되는지도 검찰이 발표를 안해 아무도 모른다. 검찰에게 감히 물어보는 언론도, 국민도 없다.)

(8) 서울중앙지검 특수부도 못 만든 740억 뇌물죄를 수사기관도, 사법기관도 아닌 국회가 아무 증거도 법리도 없이 무작정 만들어 박근혜 대통령에게 제1의 탄핵사유로 뒤집어 씌우는 것을 보고 나는 우리나라 국회의 무지와 만용에 경악(驚愕)하였다. 조선의 임금도 못한 일이다. 대한민국의 역대 어떤 대통령도 못한 일이다. 국회는 법률을 만드는 입법기관인 줄 알았는데 이제 대한민국의 국회는 검찰도 못 만드는 중범죄를 만드는 범죄 창설기관으로 변한 것이다. 그런데 나의 경악은 그 뒤에 곧 해답을 얻었다.

국회가 임명한 박영수 특검(수사책임자는 당시 서울중앙지검 차장이고 얼마 뒤 바로 서울중앙지검장으로 특진한 검사 윤석열이다.)이 2017. 2. 28 까지 80일 기간 내에 정확하게 국회가 헌법재판소에 낸 탄핵소추장 내용 그대로 이재용 삼성 부회장, 신동빈 롯데 회장, 에스케이 최태원 회장 세 재벌회장에게 440억 뇌물범죄를 씌워 기소하였다(그중에 이재용 부회장은 구속영장까지 발부받았다). 국회가 지시하면 대한민국 검찰은 어떤 범죄도 만들 수 있고 누구도 구속할 수 있다는 생생한 증거를 보여준 것이다. 누구나 구속할 수 있고 무슨 범죄도 만들 수 있는 대한민국 검찰의 힘을 믿기에 국회는 수백억 뇌물죄를 박근혜 대통령에게 미리 씌워 탄핵을 소추한 것이다.

날벼락을 맞은 것은 박근혜 대통령과 함께 그녀의 '경제공동체'로 묶인 최순실이다. 그리고 그 하수인을 맡은 안종범 수석이다. 물론 이재용 부회장, 신동빈 회장, 최태원 회장도 포함된다. 박근혜 대통령 한 사람을 탄핵시키기 위해 죄 없는 사람들이 줄줄이 엮인 것이다. 政變의 2단계인 고문(拷問)과 형옥(刑獄)의 단계이다. 拷問(죄 없는 사람을 의도적으로 구속하는 그 자체가 고문이다)과 刑獄은 政變의 타깃이 된 대통령뿐만 아니라 그 주위 수십 명에게로 확대되어 나라 전체를 공포 분위기로 만든다(공포가 클수록 政變은 확실하게 성공한다).

(9) 적장 政變의 타깃인 박근혜 대통령에 대하여는 헌법 제84조의 "대통령은 재직중 내란·외환의 죄를 범한 경우를 제외하고는 형사소추를 받지 않는다"는 규정 때문에 박근혜 대통령은 최순실, 안종범과 같이 구속되거나 기소당하지 않았다. 그 대신 박 대통령은 청와대에 유폐되어 자기 대신에 최순실, 김기춘, 이재용 등 수많은 자기 측근·관계자들이 자신의 공범자라는 누명을 쓰고 특검에 끌려가 拷問과 刑獄을 당하며 지르는 비명(悲鳴)과 원망(怨望) 때로는 배신(背信)을 듣고 괴로워해야 했다.

2017. 3. 10. 헌법재판소가 박근혜 대통령을 파면하자, 검찰은 기다렸다는 듯이 2017. 3. 31. 박근혜 대통령을 구속하였다. 그리고, 2017. 4. 17. 먼저 공범자로 기소되어 형사재판을 받고 있던 최순실, 안종범과 같이 뒤늦게 뇌물죄·직권남용죄·강요죄로 기소되었다. 원래는 2016. 11.

20. 서울중앙지검으로부터 세 사람(정호성까지 합하면 네 사람)이 같이 기소되어 재판받을 것인데 대통령이란 타이틀 때문에 5개월이 늦어진 것이다. 그 이래 세 사람은 같이 재판을 받고 있다.

(10) 이제 남은 것은 정변의 마무리 단계이다. 政變의 승자(勝者)는 권력을 차지하여 새로운 질서를 만들고 政變의 패자(敗者)는 혹독한 형벌을 받는다. 이번 政變의 勝者는 문재인과 그 그룹이다. 2012. 12. 대통령 선거에서 박근혜에게 패배한 후 승복을 거부하고 설욕(雪辱)을 다짐하던 그는 2014년 세월호 사건에서 해난(海難)사고를 국가의 살인(殺人)사건이라고 우겨 끝내 성공함으로써 마침내 정치 재기의 발판을 구축(構築)했다.

그리고 2년 뒤인 2016. 10. 29. 제1차 촛불집회를 기점으로 최순실 개인 비리를 '국정농단' 비리라고 계속 우겨 마침내 이김으로써 박근혜 대통령을 탄핵시켜 대통령직에서 몰아내고 2017. 5. 9. 보궐선거에서 41%의 지지로 대통령에 당선되었다. 문재인과 그 그룹들로서는 2012년 선거에서 박근혜 여자 대통령에게 진 원한을 복수하고 대통령이 되는 소원을 풀은 것이다. 남은 것은 패자들이 받을 형벌의 결정뿐이다. 조선시대나 북한 같으면 하루아침에 끝나겠지만 대한민국은 아직은 미국·유럽의 여론을 신경써야 하는 개방국가라 재판의 형식을 취해야 한다. 지금 그 마지막 단계이다(최순실에 대한 1심판결이 2018. 1. 26. 선고될 예정이다).

(11) 이렇게 정리하여 보면 이번 탄핵사건은 2016. 11. 20. 서울지방검찰청특수본부가 박근혜 대통령과 최순실을 '경제공동체' 즉 2인조 여성범죄조직으로 묶어 최순실을 구속하고, 기소한 것이 전환점(轉換點)이다. 검찰이 최순실의 개인비리를 대통령이 수괴(首魁)인 조직범죄로 법률 구성하여 탄핵이라는 커다란 정치재판 사건을 만든 것이다.

현직 대통령(現職大統領)의 국가정책 수행을 기업들로부터 돈 뜯는 수단이라고 일견(一見)하여 상식(常識)을 벗어난 법률해석을 내렸다. 그리고 현직 대통령과 그 친구의 관계를 '경제공동체' 즉 2인조 여성범죄(강요, 직권남용, 뇌물) 조직이라고 역시 일견하여 상식과 동떨어진 법률 구성을 만들었다. 그렇게 상식과 동떨어진 법률을 마구 밀어붙여서 현직 대통령을 탄핵시키고 구속·기소하였다. 그리고 판사들은 그 상식에 안맞는 법률에 도장을 찍어 영장을 발부하고 판결을 내렸다(2000여 명의 법관중에서 검찰의 횡포에 저항하는 '용기 있는 사람들'은 아직 한 명도 안 나왔다). 이렇게 해서 한국의 검찰은 1988년부터 시작된 한국의 현대 헌정사(憲政史)를 무너뜨린 주역(主役)이 되었다.

대한민국이 지난 30년간 지켜온 대통령 5년 단임의 헌정질서(憲政秩序)가 깨졌다. 최순실 여인의 허영심과 눈먼 자식 사랑은 검찰에게 그 빌미를 만들어준 단초(端緒)이다. 그리고 그 중간에는 물증(物證)을 조작(造作)해서라도 한 여인의 허영심과 눈먼 자식사랑을 개인의 비리가 아니라 '국정농단(國政壟斷)'이라는 대통령의 권력비리로 바꾸어 보수정권을 무너뜨리는 것이 진보언론이 마땅히 해야 할 사명이라고 믿는 한국 언론의 병든 저널리즘(소위 '손석희 저널리즘')이 있다. 그리고, 진실이냐 아니냐, 옳으냐 그르냐를 떠나 무조건 보수 대통령은 흔들어서 몰아내야 한다고 믿는 광신적인 좌파 데모꾼들이 있다. 또 옳고 그름을 떠나 무조건 힘 센 쪽에 줄을 서야 오래 산다고 굳게 믿는 절대다수의 국민이 있다.

이 여러 가지가 합쳐서 박근혜 대통령의 탄핵정변은 2016. 10. 24. JTBC 방영으로부터 2017. 5. 9. 문재인 대통령 당선까지 6개월여 만에 아무 저항도 없이 일사천리(一瀉千里)로 끝났다. 모두 졸속(拙速)과 거짓 그리고 비겁과 무책임이다. 지극히 한국적인, 그래서 외국인은 도저히 이해할 수 없는, 한국형 탄핵정변이다.

– 2018. 1. 10.

구속으로 흥(興)한 자
구속으로 망(亡)한다

박근혜 대통령 탄핵은 한 마디로 말하여 박근혜 현직 대통령과 30여 명이 넘는 측근(側近)에 대한 검찰의 무더기 구속수사와 법원의 졸속(拙速)재판이 만든 사법정변(司法政變)이다.

(1) 박근혜 대통령 탄핵은 박근혜 대통령 자신의 비리나 불법이 아니라 박 대통령의 오랜 개인적 친구 최순실의 개인 생활비리에 대한 언론의 각종 의혹보도에서부터 시작되었다. 예컨대 최순실의 딸 정유라의 이대 승마입학 비리, 고영태라는 젊은 남자친구와의 수상한 관계, 독일의 호텔운영 관련 재산도피 의혹, 오래 전에 죽은 부친의 종교활동과 여자관계, 박근혜 대통령과의 친분 정도 등 무궁무진하다.

언론의 경쟁적인 선정보도(煽情報道)가 시민단체의 대규모 촛불집회를 불러일으켰다. 2016. 10. 29. 시작된 촛불집회와 데모가 한 달 뒤에는 수십 만(주최측은 백 만)의 군중 데모로 발전하여 세계적인 관심을 불러일으켰다. 언론은 촛불집회를 2002년 월드컵 축제 이래 한국인의 자존심을 세계에 알리는 자랑스러운 문화, 정치행사라고 선전하였다.

(2) 언론과 국민의 의혹을 확인하여 한(恨)을 풀어준다는 정치적 목적을 가지고, 국회와 검찰이 조사·수사에 나섰다. 언론보도와 시민단체의 제보를 중요한 단서(端緖)로 삼아 관련자들을 소환, 밤샘조사를 하였다. 그리고 일단 증거인멸을 이유로 영장을 청구하고 법원은 예외없이 증거인멸을 이유로 구속영장을 발부하였다. 언론과 시민단체는 승리를 환호하며 더 많은 의혹과 제보를 국회와 검찰에 제공하였다. 국회의 조사와 검찰의 수사는 최순실과 박근혜 두 사람을 넘어서 청와대의 거의 모든 비서관과 박근혜 정부의 국정원장들 그리고 심지어는 이재용 부회장 등 삼성그룹의 임원들에게까지 확대되었다.

검찰이 2016. 11. 부터 탄핵과 관련하여 소환 또는 체포하여 조사한 사람의 숫자가 얼마인지 정확히 알 수 없으나 상당한 숫자인 것은 틀림 없다. 신문지상에 이름이 오른 구속자만 2017. 12. 말 현재 30명이 넘는다(불구속 기소된 사람들의 숫자는 아직 파악하지 못하였다).

(3) 검찰수사는 시기적으로 보면 크게 4기로 나누어볼 수 있다.

제1기: 2016. 11. 3. 최순실의 구속부터 2016. 11. 20. 검찰 수사결과 발표까지이다

이 시기의 검찰조사는 서울중앙지검 특수부가 이영렬 검사장의 지휘하에 진행하였다. 주조사 대상이 미르재단, 케이스포츠재단의 설립·모

금과 최순실의 개인적인 비리이다. 구속기소된 사람은 최순실, 안종범, 정호성, 장시호, 송성각, 차은택, 김종으로 총 7명이다. 이 검찰수사 결과가 2016. 12. 3. 야당의원 171명이 국회에 제출한 탄핵소추안에 그대로 옮겨졌다. 즉 이 수사결과가 2016. 12. 9 자. 국회 탄핵소추안의 골자이고 2017. 3. 10. 헌법재판소의 탄핵결정 이유이다. 이 시기 검찰수사는 쓰나미처럼 몰아치는 여론과 군중데모의 광기(狂氣)에 영합하여 국회가 박근혜 대통령을 탄핵소추하는 데 필요한 소추사유를 제공하는 데 목적이 있었다고 보여진다. 한국적 탄핵정변의 시작이다.

제2기: 2016. 12. 하순부터 2017. 2. 28. 까지. 헌법재판소의 탄핵사건 심판기간중이다. 이 기간 수사는 국회가 법률로 지시한 사항을 박영수(변호사) 특검이 진행하였다. 실제수사는 서울중앙지검의 윤석열 차장검사가 검찰로부터 검사 및 수사관을 차출하여 진행하였다. 말이 특검이지 실제는 검찰 지휘권을 임시로 국회에게 빌려준 격이다.

이 기간 구속된 사람은 문형표, 류철균, 남궁곤, 김종덕, 정관주, 신동철, 김경숙, 김기춘, 조윤선, 이인성, 박채윤, 최경희, 이재용으로 13명이다. 이중 김기춘·조윤선·김종덕·정관주·신동철 5명은 소위 '블랙리스트' 사건의 구속자들이고, 이재용·문형표 2명은 '삼성 뇌물사건'의 구속자들이며, 류철균·남궁곤·김경숙·이인성·최경희 5명은 '이대입학비리사건' 구속자들이다. 그리고 박채윤은 박근혜 대통령 주치의의 부인이다.

박근혜 대통령 탄핵심판과 직접 관련된 것은 '삼성 뇌물사건'과 '블랙리스트 사건'이다. 이화여대 입학비리 사건은 최순실과 정유라의 비리 사건이다.

매일 박근혜 대통령과 최순실 두 사람의 비리에 관련된 박근혜 대통령 측근들의 구속 기사가 언론에 특별기사로 실리고, 이 기사들은 대중의 분노를 불러일으켜 촛불데모로 이어지는 한국형 정변의 패턴이 계속 이어지면서 사회가 혁명 열기와 공포분위기에 휩싸였다. 탄핵정변 전성기(全盛期)이다.

제3기: 2017. 3. 10. 부터 2017. 5. 9. 까지. 탄핵심판이 끝나고 대통령 보궐선거가 치러진 기간이다. 이 기간 동안 구속된 사람은 박성현과 박근혜 대통령 두 사람뿐이다. 이 기간 수사는 서울중앙지검의 특수부가 시행하였다. 선거기간중이라 박성현과 박근혜 대통령 두 사람을 구속하는 이외에는 다른 구속은 없었다.

제4기: 2017. 5. 19. 이후 현재까지. 수사 주체는 박영수 특검의 수사를 실제로 지휘한 윤석열 신임 서울중앙지검장(2017. 5. 19. 대구고검 검사에서 서울중앙지검장으로 특별 승진되었다)의 특수부이다.

이 기간 중 구속된 사람은 정기양, 정광용, 손상대, 홍완선, 이영선, 김상률, 장충기, 최지성, 안봉근, 이재만, 남재준, 이병기 등 12명이다.

박근혜 대통령 형사사건과 관련된 사건은 남재준, 이병기 등 전 국정원장들의 대통령 특별활동비 사건이다(대통령의 특별활동비를 국정원 예산에 숨겨서 편성하는 오랜 관행을 '적폐청산'이란 구호 아래 뇌물죄로 수사하여 국정원장들을 박근혜 대통령의 공범으로 구속 기소했다).

(4) 탄핵정변 구속자: 필자가 조사한 구속자들의 명단은 아래와 같다.

1. 최서원(최순실) 박 대통령 친구. 2016. 11. 3. 구속재판중

2. 안종범 청와대 경제수석비서관 2016. 11. 6.

3. 정호성 청와대비서관 2016. 11. 6.

4. 송성각 콘텐츠진흥원장 2016. 11. 10.

5. 차은택 창조경제추진단장 2016. 11. 11.

6. 장시호 최서원 조카 2106. 11. 21

7. 김종 문화체육부 2차관 2016. 11. 21.

8. 문형표 국민연금공단 이사장 2016. 11. 21

9. 류철균 이화여대 교수 2106. 12. 31

10. 남궁곤 이화여대 입학처장 2017. 1. 3.

11. 김종덕 문화체육부장관 2017. 1. 10.

12. 정관주 문화체육부 1차관 2017. 1. 12.

13. 신동철 청와대정무비서관 2017. 1. 12

14. 김경숙 이화여대 학장 2017. 1. 18.

15. 김기춘 청와대비서실장 2017. 1. 21.

16. 조윤선 문체부장관 2017. 1. 21.

17. 이인성 이화여대 교수 2017. 1. 21.

18. 박채윤 메디칼대표 2017. 2. 4.

19. 최경희 이화여대 총장 2017. 2. 15.

20. 이재용 삼성 부회장 2017. 2.17.

21. 박성현 뉴데일리 주필 2017. 3. 15.

22. 박근혜 대통령 2017. 3. 31.

23. 정기양 박 대통령 자문의사 2017. 5. 18.

24. 정광용 새누리당 사무총장 2017. 5. 24.

25. 손상대 뉴스타운 대표 2017. 5. 24.

26. 홍완선 국민연금 이사 2017. 6. 8.

27. 이영선 청와대 행정관 2017. 6. 28.

28. 김상률 청와대 교문수석 2017. 7. 27.

29. 장충기 삼성 미래전략실 차장 2017. 8. 25

30. 최지성 삼성 미래전략실장 2017. 8. 25.

31. 안봉근 청와대 홍보비서관 2017. 11. 3.

32. 이재만 청와대 총무비서관 2017. 11. 3.

33. 남재준 전 국정원장 2017. 11. 17.

34. 이병기 전 국정원장 2017. 11. 17.

35. 우병우 청와대 민정수석 2017. 12. 25.

(5) 이재용 삼성전자 부회장 뇌물사건(이하 '이재용 뇌물사건')

이재용 뇌물사건은 2016. 12. 9. 대한민국 국회가 박근혜 대통령을 탄핵소추하면서 처음 제기한 범죄사건이다. 위 소추장에서 국회는 박근혜 대통령이 삼성그룹 이재용 부회장의 회장직 승계를 협력해주는 대가로 자신과 최순실이 소유하는 미르재단·케이스포츠재단에 204억 원을 출연하게 하여 뇌물을 받았다며 이는 특정범죄가중처벌법(뇌물죄)에 위배하여 무기징역 또는 10년 이상의 징역형을 받을 중범죄이므로 박근혜 대통령은 대통령직에서 파면되어야 한다고 소추하였다.

국회가 제기한 탄핵사유 13개 중에서 가장 죄질이 나쁘고 형벌이 무거운 탄핵 사유이다. 수사기관도 아닌 국회가 증거조사도 없이 무조건 소추장에 기재한 탄핵 사유이다. 그런데 국회가 만든 박영수 특검이 2017. 2. 17. 이재용 부회장을 뇌물혐의로 구속하였다. 그리고 2. 28. 법원에 기소하였다(헌법재판소는 2017. 3. 10. 탄핵 결정에서 아무런 이유 설명도 없이 이재용 부회장 등의 뇌물죄 관련 탄핵사유 부분은 판단하지 않았다).

이재용 뇌물사건은 해외에서 많이 소개되었다. 외국인들은 박근혜 대통령이 이재용 뇌물사건으로 대통령 자리에서 쫓겨났다고 알고 있다. 실제로 금액면에서는 박근혜 대통령에 대한 13개 탄핵사유와 17개 기소범죄 중 가장 큰 금액이 이재용 뇌물사건이다.

이 사건은 박근혜 대통령 탄핵정변이 보수정치의 정경유착(政經癒着)에 대한국민의 반감(反感)을 해소한다는 대의명분을 내세우지만 한편으로는 反기업의 좌파적 이데올로기를 나타내고 있다.

검찰의 이재용 부회장 뇌물죄 관련 기소장은 100여 페이지의 방대한 분량이다. 2017. 8. 25. 선고된 1심판결문도 272페이지의 방대한 양이다. 공판만 53회이며 신문한 증인이 54명이다. 법원은 이재용 부회장에게 징역 5년, 최지성 장충기 이사들에게 각 징역 4년과 37억여 원의 추징을 선고하였다.

쌍방이 모두 항소하여 2018. 1. 현재 2심재판이 진행중이다. 1심판결에서 유죄로 인정된 죄는 뇌물공여죄, 특가법상의 횡령죄 특가법상의 재산 국외도피, 범죄수익 은닉, 국회증언 위증의 다섯 가지이다. 그러나 핵심은 뇌물공여죄이고 나머지는 뇌물공여와 관련하여 생긴 부수적 범죄이다. 뇌물공여죄의 내용을 요약하면 아래와 같다.

• 뇌물공여죄: 박근혜 대통령과 이재용 삼성 부회장이 2015년 7월과 2016년 2월 두 차례 업무면담을 하면서 이재용 부회장은 박근혜 대통령이 청탁하는 최순실의 '영재스포츠센터'와 '정유라의 승마훈련'을 도와주고 박근혜 대통령은 이재용 부회장의 삼성 회장직 승계를 도와주기로 '묵시적 합의'를 하고 이 합의에 따라 정부는 국민연금공단의 삼성 지분권을 행사하고 이재용 부회장 등은 영재센터에 16억2800만 원, 승마지원에 72억9427만 원을 지출하여 이득을 주었다(의외로 미르재단과 케이스포츠재단에 대한 삼성그룹의 출연금 204억 원은 무죄를 선고했다).

(6) '블랙리스트' 사건:

박영수 특검이 2017. 1. 김기춘 청와대 비서실장 등 7명을 구속, 수사하여 2. 28. 기소한 사건이다. 박근혜 대통령에 대하여는 4. 17. 기소하였다.

흔히 문화계 블랙리스트 사건(이하 '블랙리스트' 사건)이라고 부른다.

이 사건은 박근혜 대통령과 김기춘 비서실장이 학술, 문화, 예술계의 반정부 좌경화를 막기 위해 학술·예술문화진흥위원회로 하여금 정부가 지원하지 않는 학자·예술가 리스트('블랙리스트')를 만들어서 2015년도 지원심사 때 리스트에 있는 사람들을 지원대상에서 배제하였다는 전제에서 김기춘 청와대 비서실장 등을 직권남용·강요죄로 기소한 사건이다.

이 사건은 박근혜 대통령 탄핵정변이 이데올로기 투쟁이며 중국의 문화혁명과 유사한 좌파의 우파에 대한 복수전(復讐戰)의 성격이 있음을 보여준다.

김기춘 비서실장에게 징역 3년이 선고되었다. 나머지 피고인들에게도 징역 2년 내지 1년6월의 실형이 각 선고되었다. (다만 조윤선 장관은 무죄) 현재 항소심에서 재판중이다.

(7) 태극기 집회 주동자들 구속사건:

2016. 10. 하순(下旬) 박근혜 대통령의 하야·탄핵을 요구하는 시민집회가 촛불을 들고 모이자 이에 대항하여 2016. 11. 下旬부터 박근혜 대통령을 지지하는 시민들의 집회가 태극기를 들고 모이기 시작했다. 처음에는 촛불집회에 비해 참여자 수가 적었다. 그러나, 2016. 12. 부터 태극기 집회의 참여자 수가 늘어나기 시작하였다. 2017. 1. 들어오면서부터는 태극기 집회의 참여자 수가 촛불집회 참여자 수를 앞서서 2017. 2. 부터는 압도적으로 수가 많았다. 2017. 3. 1. 서울시청 앞 태극기 집회

참여자 수는 30만을 넘어 대한민국 사상 최대집회가 되었다. 이 태극기 집회는 1년이 지난 지금까지도 계속되고 있다. 지금 태극기 집회는 '박근혜 대통령 석방'과 '문재인 퇴진'을 외치고 있다.

태극기 집회를 주도한 사람들이 다수 구속되어 재판을 받고 있다. 언론에 보도가 제대로 되지 않아 횟수나 규모 등을 알 수 없다(한국 언론은 태극기집회를 철저히 무시하며 일체 보도하지 않는다). 태극기집회 주최자 중에서 이름이 알려진 구속자는 박성현, 손상대, 정광용 3명이다. 이 중 손상대, 정광용은 2017. 12. 1. 1심재판에서 징역 2년의 實刑을 선고받았다.

(8) 박근혜 대통령 탄핵은 한 마디로 말하여 박근혜 현직 대통령과 30여 명이 넘는 측근(側近)에 대한 검찰의 무더기 구속수사와 법원의 졸속(拙速)재판이 만든 사법정변(司法政變)이다. 1988년 한국이 근대적인 헌정정치(憲政政治)를 시작한 이래 이렇게 많은 고위직 관리들이 한 번에 구속되어 졸속재판을 받은 사례는없다. 문재인 대통령은 불행히도 자신과 정치이념이 다른 많은 정적(政敵)들을 무더기로 구속시켜놓고 치른 비정규선거에서 41%의 낮은 지지율로 대통령에 당선된 최초의 대통령이다.

박근혜 대통령이 과연 한국 역사상 최초로 현직 대통령직에서 탄핵이 되고 구속이 되어야 할 정도로 부패한 대통령이었는지 아니면 대한민국 역사상 가장 깨끗한 대통령인데 언론과 대중의 마녀사냥에 영합

(迎合)한 한국의 검찰과 법관들이 법의 이름으로 불법하게 구속, 재판하여 대통령직에서 끌어내려 감옥에 가둔 것인지는 머지않아 역사가 가릴 것이다.

지금은 언론과 대중의 왜곡(歪曲)과 흥분 속에 진실이 가려져 있다. 다만, 내가 아는 역사의 진리는 이렇다. 구속으로 흥(興)한 자, 구속으로 亡한다. 본인도 감옥에서 끝난다.

— 2018. 1. 22.

이재용 부회장에 대한 2심 판결, 반은 맞고 반은 틀렸다

36억 원은 최순실이 받은 개인적 이득이다. 삼성이 왜 주었냐고? 그것은 삼성에 물어볼 일이다. 제발 세계 최대기업 삼성이 임기 말의 5년제 독신 여자 대통령 박근혜가 무서워서 주었다는 애들도 웃는 비겁한 거짓말은 하지 말자.

1. 지난 2018. 2. 5. 서울고등법원이 이재용 삼성 부회장에 대한 항소심 판결을 선고했다. 2017. 8. 25. 서울지방법원이 내린 징역 5년의 1심 판결을 뒤집고 징역 2년6월에 집행유예 4년의 형을 선고하였다. 징역 12년을 구형한 박영수 특검은 체면이 말이 아니다. 피고인과 검찰 양측이 모두 대법원에 상고하겠다고 하니 아직 판결이 확정된 것은 아니다. 다만 이재용 씨는 353일 동안의 구속, 수감생활에서 일단 벗어나 자유의 몸이 되었다. 따라서, 대법원에서는 자유의 몸 상태에서 자신의 무죄를 다툴 수 있게 되었다.

피고인이 감방에 수감되어 자유를 잃은 상태에서 자신의 무죄를 다투는 것과 감옥 바깥에서 자유의 몸으로 무죄를 다투는 것과는 방어력

면에서 천양지차이다. 이는 마치 권투선수가 손발을 자유롭게 쓰며 상대방 선수와 싸우는 것과 손발이 묶인 상태에서 싸우는 것의 차이이다. 이 점을 이해하면 왜 선진국이 피고인의 불구속 수사와 불구속 재판을 피고인의 기본적 인권으로 선언했는지를 이해하게 된다(불행히도 우리나라 법조인의 대부분이 피고인의 인권에 대한 이런 기본적 인식이 없거나 부족하다).

2. 원래, 박영수 특검은 2017. 2. 28. 기소 당시 삼성이 승마협회장 자리를 맡고 정유라의 승마훈련 지원을 하면서 지출한 77억 원(말 구입대금 36억 원, 코아스포츠에 지급한 용역대금 36억 원 등의 합산액) 역시 승마진흥과 관련한 135억 원 지원 약속, 스포츠영재센터 지원 16억 원, 미르재단·케이스포츠재단 출연금 204억 원을 합한 총 432억 원을 박근혜 대통령과 최순실에 대한 삼성그룹의 뇌물로 보고 뇌물공여죄를 적용, 이재용 부회장과 관련 임원들을 구속 기소했다.

그리고 그 뇌물공여 과정에서 일어난 회사의 자금처리, 특히 독일에 보낸 외화의 송금처리와 관련하여 특경법(특정경제범죄가중처벌법)상의 횡령죄와 재산 국외도피죄 및 범죄수익 은닉죄 등을 각 적용하였다. 또한, 국회에서 최순실·정유라를 알지 못한다고 증언한 부분에 대해 국회증언법 위반(위증죄)을 적용하였다.

그런데, 1심은 지난 2017. 8. 25. 선고한 판결에서 위 432억 뇌물기소 중 승마지원 관련하여 72억 원과 영재센터 지원금 16억을 합쳐 89억 원만 인정하고, 나머지 승마지원 약속금 135억 원과 재단출연금 204억 원은 무죄를 선고했다.

6개월 뒤인 지난 2018. 2. 5. 고등법원은 여기서 더 나아가 1심이 유죄로 인정한 뇌물공여액 89억 원 중에서 영재센터지원금 16억 원은 청탁의 대가가 아니라는 이유로 또한 정유라가 탄 말값 36억 원도 말의 소유권이 삼성에 있다는 이유로 각 무죄를 선고했다.

결국, 2심에서 뇌물공여가 인정된 것은 최순실이 승마선수 훈련 기업으로 독일에 설립한 코아스포츠의 용역대금명목으로 송금받은 36억 원만 남았다. 액수로 보면 특검의 총기소액 432억 원의 8%이다. 나머지 92%는 무죄이다. 거기다가 특경법상의 횡령죄 역시 이 용역대금 36억 원만 인정되었다. 또한, 특경법상의 재산해외도피 부분과 범죄수익 은닉죄 부분도 모두 무죄로 선고했다(1심은 송금사유를 사실과 다르게 기재하였으면 재산해외도피의 의사나 범죄수익 은닉의 고의가 인정된다고 확대해석했다. 그러나, 2심은 구체적으로 재산을 해외에 도피시키려는 의도와 범죄수익을 은닉한다는 인식이 있어야 범의가 인정된다고 제한 해석했다. 2심의 제한 해석은 문자해석상 너무나 당연하다). 국회위증 부분은 1심과 2심이 모두 유죄이다. 이상을 표로 정리하면 아래와 같다.

	검찰기소	1심	2심
뇌물	432억	89억	36억
횡령 (특경법)	432억	89억	36억
재산해외도피(특경법)	73억 상당 유로	36억 상당 유로(용역대금)	0
범죄수익은닉	73억 상당 유로	73억 상당 유로(말 값 포함)	0
국회위증		유죄	유죄

위 표에서 보듯이, 1년 전 박영수 특검은 삼성의 뇌물액수가 수백억이 며 재산의 해외도피도 수십억이라고 크게 과장하여 무리하게 이재용 부 회장과 삼성의 임원들을 구속 기소했다. 시간이 갈수록 기소의 핵심인 뇌물 금액이 줄어들어 1년이 지난 오늘날 유죄가 인정된 뇌물액수는 겨 우 36억 원이다. 당초 기소액의 8%이다. 이쯤 되면, 다른 나라 같으면 특검의 책임론이 나오고 변호사 업계가 들고 일어날 일이다. 그런데, 우 리나라는 특검이 반성이나 자제는커녕 오히려 큰소리이다. 법조계와 언 론의 어느 누구도 감히 특검의 책임을 입도 뻥끗 못한다. 오히려, 집행 유예를 선고한 판사의 신상털기, 계좌털기가 한창이다. 이런 비정상적인 공포상태에서 과연 어느 누가 공정한 재판을 할 수 있을까? 진실이 밝 혀지려면 좀 더 시간이 지나서 우리 국민들이 공포상태에서 벗어나 이성 을 회복하여야 한다는 느낌이다.

3. 2심 판결에서 가장 문제가 되는 점은 뇌물공여의 동기이다. 1심에 서는 이재용 부회장이 자신의 삼성그룹 회장직 승계를 위하여 박근혜 대통령에게 도움을 청탁하고, 박근혜 대통령은 그 청탁을 묵시적으로 접수하여 양자간에 뇌물 관계가 성립되고 삼성이 최순실·정유라·영재 센터에 이득을 지급하여 제3자 뇌물공여죄가 완성되었다고 재판하였다. 그러나, 2심은 달리 해석하였다. 이재용 부회장이 최순실·정유라에게 승마지원을 한 것은 자신의 회장직 승계 때문이 아니라 박근혜 대통령 이 막무가내로 정유라의 승마지원을 이재용 부회장에게 강요하였기 때 문에 이재용 부회장은 마지못해 최순실이 요구하는 36억 원을 코아스포

츠에 송금하였다. 결국 이재용 부회장은 사실상 피해자이다. 따라서 집
행유예가 적절한 선고형이다. 크게 보아 이런 요지이다.

2심 판결의 이 부분은 필자가 보기에 반은 맞고 반은 틀렸다. 먼저,
삼성의 회장직 승계 문제는 삼성기업과 삼성 주주의 문제이지 대한민국
정부나 박근혜 대통령의 업무 사항이 아니므로 이재용 부회장이 그 때
문에 박근혜 대통령에게 청탁을 할 이유가 없다는 2심 판시 부분은 백
번 옳은 판단이다. 그러나, 박근혜 대통령이 이재용 부회장에게 막무가
내로 정유라의 승마 지원을 강요하여 이재용 부회장이 할 수 없이 최순
실에게 36억 원을 송금하였다는 2심 판결 부분은 아무 증거도 없고 상
식과 법리에도 맞지 않는 엉뚱한 해석이다.

우선 박근혜 대통령은 평소에 말을 아끼고 조심하며 누구에게도 예의
가 아주 바른 사람으로 널리 알려져 있다. 박근혜 대통령이 이재용 부회
장에게 정유라의 지원을 강압하였다는 2심 판결의 판시는 평소 그분의
언행에 전혀 맞지 않는 가설이다. 더욱이 정유라의 승마지원이 박 대통
령에게 그 정도의 중요한 주제가 될 합리적인 이유가 없다. 무엇보다도,
이재용 부회장·최순실·박 대통령 이 세 당사자들이 모두 일치하여 정유
라의 승마지원을 박 대통령이 이재용 부회장에게 요청한 적이 없다고 분
명히 밝히고 있다.

4. 2심 판결은 박 대통령의 강요가 없었으면 삼성이 승마협회를 맡고
정유라의 승마 지원을 위해 거액을 쓸 이유가 없다는 것을 주요 근거로
내세우고 있다. 그러나, 이는 어디까지나 판사의 개인적 추론이지 객관

적 증거가 아니다. 오히려 세상물정 모르는 사랑방 샌님의 추론이다.

박근혜 대통령은 삼성그룹에 승마협회, 승마 스포츠계의 지원을 부탁하였지 정유라 개인의 지원을 부탁한 것이 아니다. 기업이 스포츠계의 회장직을 맡아 올림픽이나 세계선수권대회에서 우승할 선수 특히 여자 선수를 지원하는 것은 기업의 PR이지 부담이 아니다. 운이 좋아 지원한 선수가 세계대회에서 우승을 하면 후원한 기업은 선수지원금의 수십 배, 수백 배 이득을 얻는다(김연아 선수나 박세리 선수를 보라). 그렇기에 기업들은 일반인으로서는 이해하기 어려운 큰 금액의 선(先)투자를 스포츠업계와 유망주 선수, 그 가족에게 하는 것이다(이 예를 들자면 한이 없다).

이것이 우리나라나 다른 나라의 기업과 스포츠계의 실상이다. 다만 선진국에서는 양자의 중개를 전문 에이전트 업체가 기업적으로 하는데 우리나라는 기업과 스포츠의 중개를 대통령이나 정부가 국가스포츠 정책 차원에서 해온 것이 역사적 전통이다. 이런 역사적·현실적 실상을 무시한 채 삼성이 승마업계 지원과 정유라라는 승마선수와 그 엄마 최순실의 코아스포츠회사 투자를 무조건 박 대통령에 대한 뇌물이란 시각으로 보는 그 자체가 한국 사회의 실상과 역사를 너무 모르거나 또는 알면서도 무시하는 것이다.

5. 또 한 가지 법조인들이 모르는 것이 있다. 삼성은 대한민국에서 가장 정보가 발달된 기업으로서 최순실이 박 대통령의 측근임을 오래 전부터 알고 있었다. 그렇기 때문에 삼성의 박상진 회장은 전 승마협회

전무 박원오에게 월 1200만 원의 컨설턴트 비용을 주고 그 자문에 따라 최순실에게 접근, 그의 딸 정유라의 승마 훈련을 지원하겠다며 나서서 승마를 제공하고 용역대금 명목의 36억 원을 최순실에게 미끼로 던진 것이다. 이것이 통상 삼성이라는 기업이 고위공무원, 권력층에게 로비하는 벙법임은 대한민국에서 사업을 해본 사람은 누구나 아는 상식이다. 판사들이 이런 기본적인 사회 상식이 없다 보니 박근혜 대통령이 이재용 부회장을 독대하여 유일하게 한 말이 정유라 개인의 승마지원 강요이고 그래서 이재용 부회장이 무서워서 36억 원을 최순실에게 주었다고 일반인의 상식에 전혀 맞지 않는 한심한 판결을 하는 것이다.

법관들이 이렇게 상식에 맞지 않는 판결을 하니까 국민들이 법원 판결을 불신하고 '재벌 봐주는 재판'이라고 비판을 하게 되는 것이다. 물론, 최순실이 박 대통령과의 친분관계를 내세워 자신과 딸의 성공과 이득을 챙긴 것은 도덕적으로 비난받을 일이다. 그렇다고 하여 삼성이 박 대통령이 무서워서 자선사업을 하였다거나 억지로 최순실과 정유라에게 거액을 투자, 지원하였다고 말하는 것은 넌센스이다. 삼성의 최순실 로비는 결과적으로는 대실패였지만 투자 당시에는 철저한 정보와 계산의 결과에서 나온 비즈니스 결정이었다는 정도의 사회지식, 상식은 있어야 제대로 된 재판을 하여 국민이 재판을 믿는다.

6. 삼성이 정유라의 승마지원을 위해 비싼 말을 사서 정유라에게 훈련에 쓰라고 무상으로 사용케 하고, 최순실에게 36억 원의 용역대금을 준 것은 박근혜 대통령의 강요가 아니라 삼성 측에서 컨설턴트로 고용

한 박원오 전무 등의 정보를 분석, 평가함에 있어서 정유라의 승마 실력과 최순실의 로비 능력을 결과적으로 과대평가한 결과인지 모른다. 아니면 평가는 제대로 했는데 그만 중간에 사회적 물의가 생겨 삼성이 부랴부랴 축소한 것인지도 모른다.

어쨌든 로비, 투자금액이 커서 일반인들의 눈으로 보면 당연히 정경유착형(政經癒着型) 비리로 보인다. 따라서 어떤 사회적·법적 책임이 논의되는 것은 당연하다(원래 사업이나 투자가 실패하면 대중은 책임질 희생양을 찾는 법이다). 그러나 그 제재는 어디까지나 실정법에 맞게 실정법의 한도에서 행해져야 한다. 실정법에도 없는 죄를 만들어서 이재용 부회장이나 최순실에게 심지어는 아무 연관도 없는 박근혜 대통령에게까지 책임을 뒤집어 씌우는 인민재판을 해서는 결코 안된다.

7. 기업이 권력자의 측근에게 거액의 로비자금을 쓴 경우, 현행법상에는 로비활동을 규제하거나 처벌하는 적절한 법적 규제가 마땅히 없는 것이 현실이다. 우리나라만 그런 것이 아니다. 미국이나 일본 같으면 무슨 죄가 될까? 필자는 이 질문을 미국과 일본의 몇몇 변호사들에게 물어보았다. 대답들은 우리와 비슷하다. 적절한 죄명이 없다. 최순실이 먼저 요구하여 삼성이 이득을 준 것이라면 최순실은 사기죄가 되고 삼성은 바보거나 사업가이다. 그러나, 자기 돈 자기가 쓰는 것은 죄가 아니다.

만일에, 거꾸로 삼성 측에서 먼저 접근하여 최순실에게 승마지원과 용역대금 36억 원을 지급한 것이라면? 이야말로 최순실은 행운아이다. 거꾸로 삼성은 바보거나 사업가이다. 그러나 어느 경우에도 박 대통령에게 뇌물수수죄를 추궁할 장면은 결코 아니다. 왜냐하면 박근혜 대통령은 삼성으로부터 아무런 이득을 받은 것이 없고, 심성도 박 대통령에게 아무런 이득을 제공하지 않았기 때문이다.

8. 그런데 이 사건에서 1심과 2심은 모두 정유라나 최순실, 즉 로비스트가 받은 이득을 박근혜 대통령이 받은 이득으로 간주하고 그 전제에서 뇌물죄를 논의하고 있다. 결국 우리나라에서 삼성과 최순실간의 로비사건이 단순한 로비사건으로 끝나지 않고 박 대통령의 뇌물 사건으로 국가적인 탄핵사건이 되고 대통령과 삼성그룹 부회장의 동반 구속사건으로 커진 것은 근본적으로 특검이 삼성에서 최순실이나 미르재단, 케이스포츠재단 같은 제3자에 제공한 이익을 박 대통령 개인에게 제공한 이익으로 억지로 덮어씌우는 황당한 억지를 쓰는 데서부터 시작되었다. 다행히 특검의 어이 없는 뇌물죄 만들기 신드롬에서 92%에 해당하는 396억 원은 법원에서 무죄가 선고되었다.

이제 남은 것은 최순실이 용역대금 명목으로 받은 로비자금 36억뿐이다. 이 부분을 이미 무죄로 밝혀진 92%의 다른 뇌물공여 기소 사실들과 달리 구별할 아무런 이유가 없다. 36억 원은 최순실이 받은 개인적 이득이다. 삼성이 왜 주었냐고? 그것은 삼성에 물어볼 일이다. 삼성이 답할 일이다. 그러나 제발 세계 최대기업 삼성이 임기 말의 5년제 독신 여자 대통령 박근혜가 무서워서 주었다는 애들도 웃는 비겁한 거짓말은 하지 말자.

9. 끝으로 지적할 점은 이 사건은 박근혜 대통령이나 최순실을 재판

하는 형사사건이 아니다. 이 사건은 어디까지나 피고인이 이재용 삼성 부회장과 그 임원들이다. 따라서, 이재용 삼성 부회장 등 삼성 임원들의 유무죄나 양형을 따져야지, 피고인도 아닌 박근혜 대통령이나 최순실의 유무죄를 판단한 후 그 전제에서 이재용 부회장 등을 재판하는 그런 이상한 우회적, 둘러치기 재판을 하면 안된다.

불행히도 2심은 피고인도 아닌 박근혜 대통령과 최순실의 뇌물죄 공범 성립부터 먼저 재판하고 있다. 그런 연후에 이재용 부회장은 박근혜 대통령의 강압적인 뇌물 요구에 할 수 없이 뇌물을 준 것이라고 오히려 이재용 부회장 등 삼성 임원들을 변호하고 있다. 누가 보아도 법원이 피고인 이재용 부회장 등 삼성 임원을 재판하는 것이 아니라 피고인도 아닌 박근혜 대통령과 최순실을 유죄 판결하고 피고인 이재용 등은 변호하는 이상한 재판을 하였다. 한 마디로 법원이 자신의 본분을 잃었다.

10. 우리 국민들이 지금같은 사회적·국가적 집단공포와 혼란에서 벗어나는 첫 길은 각자가 진실을 당당하게 받아들이고 인정하는 데서부터 시작된다. 특히 법관과 검찰, 언론들이 최순실이라는 한 여인이 박 대통령과의 오랜 개인적 친분을 이용하여 삼성 등 대기업으로부터 받은 개인적 이득을 어떻게 해서든 박근혜 대통령이 받은 개인적 이득으로 만들어 박근혜 대통령을 뇌물죄든 무어든 크게 잡겠다는 이 집단 광기, 신드롬에서부터 하루 빨리 벗어나야 한다. 법조인·언론인들의 분발을 기원한다.

- 2018. 2. 10.

문재인의 대통령 임기는
2월24일까지로 봐야 한다

보궐선거시 대통령 당선자의 임기에 관하여는 실정법상 아무런 규정이 없다. 명백한 입법 미비이다. 즉 입법상의 실수, 과오이다.

2017. 5. 9. 실시된 대통령 선거에서 당선된 문재인의 대통령 임기는 몇 년일까? 정상적인 대통령 선거의 당선자와 마찬가지로 5년일까? 아니면 보궐선거 당선자로서 전임자(박근혜 대통령)의 잔여 임기일까?

2017. 3. 10. 박근혜 대통령을 파면하는 헌법재판소의 탄핵결정에 따라 대한민국의 대통령 자리가 궐위된 사실, 황교안 직무대행자가 후임자 선출을 위한 대통령 선거절차를 공표하여 선거관리위원회가 공직자선거법상의 보궐선거 절차를 시행한 사실, 그 보궐선거(대통령 지위의 공백을 메우는 중간, 비상선거)에서 더불어민주당의 후보자인 문재인이 41.1%의 득표를 하여 최고 득표자로 당선자가 된 것등은 명백하다.

이렇게 보궐선거에 의해 당선된 대통령의 임기는 당선일자(문재인의 경우, 2017. 5. 10.)부터 시작하는 것은 공직자 선거법에 명문 규정이 있어 의문의 여지가 없다. 그런데 임기의 종료 시점에 대해서는 아무런 규정이 없어 문제이다. 공직자 선거법에는 국회의원. 지방의원 선거 당선자의 임기가 전임자의 잔여 임기란 규정만 있고 대통령 선거의 당선자에 대하여는 아무런 규정이 없다. 우리나라 실정법에 대통령의 임기에 관하여는 헌법 제70조에 '대통령의 임기는 5년으로 하며, 중임할 수 없다'는 조항이 있을 뿐이다.

그러나 이 조항은 대통령 임기에 관한 일반조항이고 보궐선거 대통령 당선자의 임기에 관한 조항은 아니다. 물론 특별조항이 없으니까 일반조항이 적용되는 것 아니냐는 반대해석론도 나올 수 있다. 그러나 보궐선거는 전임자가 임기를 마치지 못한 경우 그 임기 도중에 치러지는 특별한 선거이므로 전임자가 임기를 다 마친 상태에서 치러지는 일반 선거와는 그 선거의 성격이 다르다. 그래서 입법례로서는 보궐선거의 경우 당선자가 전임자의 잔여임기를 갖는 것이 일반적이다. 결국, 보궐선거시 대통령 당선자의 임기에 관하여는 실정법상 아무런 규정이 없다. 명백한 입법 미비이다. 즉 입법상의 실수, 과오이다.

헌법이나 입법의 미비가 있으면 헌법재판소나 대법원에서 보충해석하여 메우는 것이 일반적이다. 그러나 대통령 궐위시에 치르는 보궐선거에서 선출된 대통령의 임기에 대하여 헌법과 법률에 아무런 규정이 없다고 하여 대통령 임기를 법관이나 학자가 해석하여 결정한다는 것은 말이 안된다.

대통령이나, 국회의원의 임기는 법관이나 학자가 마음대로 해석할 수 있는 사항이 아니다. 특히 대통령의 임기는 그렇다. 왜냐하면 대통령은 국가의 원수이고 국가의 최고 통치자이기 때문이다. 물론 문재인이 자기 임기를 스스로 정하는 것은 더더욱 말이 안된다.

그러면 어찌할 것인가? 대통령 선출권자인 국민이 임기를 정하는 수밖에 없다. 다시 말해 국민투표로 결정하는 수밖에 없다. 참고로, 국민투표시 나 개인은 국민의 한 사람으로서 잔여 임기설을 찬성한다. 그 이유는 이렇다.

우선, 1972년 헌법에 보궐선거로 당선된 대통령의 임기를 잔여임기로 규정했었다. 즉 입법적인 선례가 있다. 두 번째로, 공직자 선거법에 국회의원 등 다른 공직자들의 보궐선거 당선자는 잔여 임기로 규정하고 있다. 같은 선출직이므로 같은 원리가 적용되는 것이 보편성의 원리에 부합한다.

세 번째로, 미국 등 다른 나라의 경우 대통령 궐위시에는 부통령이 대통령의 잔여임기를 메운다. 우리나라에서 대통령 보궐선거는 부통령제가 없기 때문에 생긴 것이다. 따라서 외국의 부통령과 같은 임기를 갖는 것이, 같은 것은 같이 취급한다는 법 원리에 부합한다.

네 번째로, 잔여 임기로 해석하지 않으면 보궐선거 때마다 대통령 선거의 일자가 바뀌어 헌정에 혼란이 초래된다. 이는 가능한 국가에 피해가 적은 쪽을 선택한다는 경제성의 원리에 부합한다. 끝으로, 보궐선거는 예정된 정규적 선거가 아니라 비상적으로 치러지는 임시선거이므로 정규선거와는 임기에 차이를 두는 것이 공평하다. 이는 공평성의 원리에 부합한다.

　나는 주장한다. 문재인 대통령은 국민투표를 실시하여 국민에게 자신의 임기를 물어야 한다. 아니면 박근혜 대통령의 잔여임기인 2018. 2. 24. 퇴진하라.

– 2018. 2.

자료

English Articles

July 10, 2017

The Honourable Zeid Ra'ad Al Hussein
UN High Commissioner for Human Rights
Geneva, Switzerland

Dear High Commissioner:

Re: Urgent Action, Please!
with regard to Human Rights Violations in South Korea

We hereby call upon the Office of the UN High Commissioner for Human Rights to conduct inquiries intothe systematic violations of human rights that have been committed against Ms. Park Geun-hye, ex-president of the Republic of Korea, and against those who underwent intimidating and coercive interrogation in connection with her impeachment case, so that they be:

(1) guaranteed fair and humane trial in their own custody, (2) granted fully the legal right to be presumed innocent of all charges unless found guilty by a free and fair court of justice, including immediate cessation of handcuffing or other restraints, and (3) allowed remedy for the injustice they have suffered, including restauration of their honour.

Hereunder is the information for your commencement of the inquiry under the relevant provisions of ICCPR and CAT.

Thank you very much!

Sincerely,

Kyung B. Lee
President, Co-chair,
The Council for Human Rights
in North Korea("HRNK Canada")
Toronto, Canada Toronto, Canada

Young Rin Ryu

SAVE KOREA Foundation Toronto
("SKF Toronto")

Pyung Woo Kim
Los Angeles, USA

Sook Hee McRoberts
Sydney, Australia

Jae Won Cho
Duisburg, Germany

State party: The Republic of Korea

Contact: Kyung B. Lee
2211-75 Emmett Ave.
Toronto, ON Canada M6M 5A7
(416)554-9605
hrnkcanada928@gmail.com

Relevant Covenant and Convention:
- International Covenant on Civil and Political Rights
("ICCPR")
- Convention against Torture and Other Cruel, Inhuman or
Degrading Treatment or Punishment("CAT")

Relevant Declaration:
Declaration on the Elimination of Violence against Women
("DEVAW")

Note: Any additional information required for the inquiry will be
provided, as much as possible, upon your request.

Background

(1) Violent 'Hate Rallies' by Pro-North Korea Elements
The so-called Candlelight Vigils started inNovember, 2015and were re-
inflamed in late October 2016 in Seoul, Korea. Although depicted as
nonviolent and peaceful rallies, they were in fact violent 'hate rallies' filled

with curses and mockeryagainstthen President Park Geun-hye("Ms. Park") of the Republic of Korea("South Korea"). These rallies were organized and instigated by her ideological adversaries, including radical labour unionists and outlawed pro-North Korea("Pro-NK") elements who actively agitated the crowd.

The protesters brandished signs with pro-NK slogans and pictures, such as one showing the beheaded President's face being staked to the groundfor her 'confrontational and warmongering' North Korea policy. They performed a mock trial and a simulated guillotine execution, held an exhibition ofpornographic pictures suggestive of sexual acts by the President, and much more -- a character assassination, so heinous,barbarous and demeaning. They then demanded an immediate resignation, arrest, imprisonment and execution of the legitimately elected president. The weekly rallies were admiringly praised by North Korea's Kim Jong-un as patriotic acts in his new year's address.

These acts of violence, rebellious in nature, went unchallenged, though, by the diffident and hesitant police authorities, and were uncritically condoned, or glamourized, by most of the media.The President's political adversaries then exploited and manipulated the sentiment of the people, who were extremely upset from a barrage of allegations and speculations about the President that the reckless media produced, most of which have now been proved to be unfounded misinformation or malicious disinformation.

(2) Denial of Rights to Due Process and Trial by Evidence
The National Assembly, dominated by the President's political adversaries, put the impeachment motion to vote without any probative evidence or

convincing rationale for impeachment, arguing the so-called candlelight vigils represented the will of the nation. The motion was passed by a majority without even a debate.

[Art.14.2 ICCPR]

The Constitutional Court ruled as inadmissible numerous critical counterevidence presented by the defense counsel and in the end, upheld the Assembly's motion on March 10, 2017 even without the required quorum.

[Art.14.3(e) ICCPR]

(3)Unjustified Incarceration for Ex Post Political Trial

Worse yet, three weeks after her post-impeachment removal from the presidency, Ms. Park was arrested on March 31, 2017 on suspicion of collusion with her personal friend, taking bribes, and extortion, among others -- the same far-fetched allegations as those for impeachment.

For an arrest and incarceration to be justified, one should have no fixed address of residence, present a flight risk, or present a risk of tampering with evidence. Instead of invoking any of these reasons, the Prosecution argued that she should be placed in custody since others implicated in her case have been placed under custody, i.e., justto be seen as treating the accused as any other -- no legal rationale!

[Art.9.3, 9.4, 9.5 ICCPR]

It is no surprise that Ms. Park flatly denies the alleged wrongdoings, saying "I have never been involved in any corruption during my 18 years of public service." In fact, there is no evidence whatsoever that she had colluded with her friend for personal gain and took even a penny from anyone as a bribe, while there exists key evidence, although ruled as inadmissible by the court, that could

have forced the Constitutional Court to throw out the impeachment case.
[Art.14.3(e) ICCPR]

After an exhaustive search and review of financial accounts belonging to Ms. Park and everyone indicted in connection with her case, the Prosecution decided to apply an unusual charge of "third party bribe-taking offense," and opted not to seek expropriation of Ms. Park's assets given that "she did not take bribes herself." Ms. Park claims that she was "totally framed with fabrications and falsehoods" by her political and ideological adversaries and the "whole truth will be made clear, although it will take some time."

Presently, she is on trial,an ex post trial in that this trial should have been heard well before the National Assembly voted on the impeachment motion or the Constitutional Court upheld the motion. It is a political trial as well in that, most probably, this trial has been instituted out of sheer determination to convict her retroactively -- in order to justify the miscarriage of justice, i.e., the unjust impeachment they have hastily rendered.

The court says that the trial will be concluded within six months before the maximum period of detention expires. Seemingly, the court is determined to endthe trial in conviction while she isunder confinement in a cell. That is, the principle of presumption of innocence is denied and, instead, "you are presumed to be guilty as the trial will prove" in this case. Accordingly, she is, in effect, serving a sentence now as if she were a convict!
[Art.14.2 ICCPR] [Art.1.1 CAT]

(4) Inhuman and Degrading Treatment
Suspended as President, and confined in effect to the presidential residence,

upon the National Assembly's impeachment motion on December 9, 2016, she was compelled by the Constitutional Court to reveal a timeline down to every minute of her seven hours at the presidential residence during the sinking of the Sewol Ferry in 2014, in order to clarify the ridiculous suspicion that she was using illicit drugs, practicing an exorcism, or committing adultery -- most insulting to her honour as a woman as well as a national leader.
[Art.10.1 ICCPR] [Art.17.1, 17.2 ICCPR][DEVAW]

In the National Assembly's gallery, an exhibition of a sexually objectified nude portrait of President Park, titled "Bye soon!" as its theme, was allowed in the name of 'freedom of art' -- most demeaning to her dignity, again as an individual woman as well as a national leader.
[Art.17.1, 17.2 ICCPR] [DEVAW]

According to an independent medical source, Ms. Park, aged 65,is suffering from chronic diseases, including kidney ailment, gastric ulcers, knee osteoarthritis, and severe lumbago or lower back pain. No wonder she is also suffering from insomnia and wears a blindfold to get to sleep in the 24 hour lights-on bedless cell.

Reportedly, all inmates get undressed and undergo a so-called "anal examination" when put in the detention centre. According to unconfirmed sources, Ms. Park is thought to have undergone a similar examination, if not forced to sit on a full body scanner in a gown -- a most unbearable humiliation!
[Art.7 ICCPR] [Art.16 CAT] [DEVAW]

In the detention centre where some 3,000 inmates are interned, her daily life starts with wake-up at 6:00am, folding-up of blankets, morning roll call, toilet use,washing up, and breakfast at 7:00am. She has some 15 minutes to finish her prison meal -- too short a time for her considering her gastric ulcers. Private food is not allowed in the detention centre and she is not getting proper nutrition to maintain health.

[Art.7 ICCPR] [Art.10.2(a) ICCPR] [Art.14.3(b) ICCPR] [Art.16 CAT]

(5) Hospitalization Denied despite Fainting during Trial

And now, she is subjected to a rigorous trial schedule of four trial sessions per weeklasting more than ten hours each-- torturousespecially because she can't manage the long hours of sitting in court due to chronic lower back pain. She is no longer allowed outside the cell for two hours a day as she previously had been. She has to wash her hair with cold water if she misses her warm water shower allotment, which is only once a week for some 15 minutes, due to court appearance.

[Art.7 ICCPR] [Art.14.3(b) ICCPR] [Art.16 CAT]

She is under constant surveillance by the prison guards who enforce the rule that requires prisoners to sit up in a yoga position in the cell during the day. She cannot lie down or lean against the wall to rest. And she is taken to and from the court for trial in handcuffs, which is televised to the public. Due to the repeated bruising to her wrists, she now puts bandages around her wrists before being led off handcuffed.

[Art.7 ICCPR] [Art.14.1 ICCPR] [Art.16 CAT]

On top of that, the court is reportedly considering televising her trial in whole. Obviously, it would be an intentional attack upon her privacy and dignity -- yet more public humiliation. In short, it looks like they are trying to wear her out through discomfort, degradation and humiliation -- a sort of psychological torture.

On June 30, 2017, Ms. Park collapsed onto the table while sitting in court for more than eight-and-a half hours, reportedly due to fatigue and dizziness. However, the request for hospitalization made by the defense counsel was denied! [Art.7 ICCPR] [Art.16 CAT]

(6) Undue Influence
(a) Intimidation and Coercion amounting to Torture
Reportedly, late night or night-longinterrogationswere commonplace, after long hours of waiting until dark in some cases -- a form of sleep deprivation. Intimidation and coercion were also prevalent in the course of the Prosecutors' interrogation of those summoned and charged in connection with Ms. Park's case, by which the accused were pressured to give in and compromise, or waive their privilege against self-incrimination -- an undue influence amounting to torture.
[Art.7 ICCPR]

In one alleged instance, the accused(최서원, President Park's former personal confidante) complained before the court, saying the interrogators were so forceful and overpowering that she signed statements reluctantly under extreme exhaustion. She also complained that, on another occasion, she was intimidated and coerced to make a confession in the absence of her attorney, being told "You had better cooperate with us and confess that you partnered with President Park financially, otherwise your three generations, including not only your daughter but also your grandson, will perish."
[Art.7 ICCPR] [Art.14.3(g) ICCPR][Art.1.1 CAT] [Art.12 CAT] [Art.13 CAT] [DEVAW]

In another instance, the accused(Chae Yoon Park, wife of an aesthetic surgeon) was intimidated and coerced to make a confession, being told "Confess that an aesthetic surgery was performed on President Park's face (during the sinking of the Sewol ferry), otherwise both your husband and his employees will be arrested." Due to respiratory distress caused by the interrogation, she required an oxygen mask and was taken to a nearby hospital by ambulance.

[Art.7 ICCPR] [Art.14.3(g) ICCPR][DEVAW]

In another instance, the accused(Mr. Jae Yong Lee, vice-chairman of Samsung Group) underwent a punitive 22 hours of overnight interrogation, although he was said tohave consented to it at the Prosecutor's request.

[Art.7 ICCPR] [Art.9.3, 9.4, 9.5 ICCPR] [Art.10.1 ICCPR] [Art.1.1 CAT] [Art.12 CAT] [Art.13 CAT]

In another instance, the accused(Mr. Kee Choon Kim, former Blue House Chief of Staff), aged 78, claimed that the alleged crime he had been charged with was neither a case mandated to the Special Prosecution to investigate nor a prosecutable offense in nature. He also complained that he was not the right person to beinterrogatedand charged for the alleged crime "in this political trial."He once fainted when he was putting on trousers in his cell, and received outside treatment. He is being denied additional treatment, though, which he desperately needs for a serious heart condition.

[Art.7 ICCPR] [Art.9.3, 9.4, 9.5 ICCPR] [Art.10.1 ICCPR] [Art.1.1 CAT] [Art.12 CAT] [Art.13 CAT]

(b) Coerced Statements admitted into Evidence and Prejudice likely due to Combination of Proceedings

These types of rights-abusive practice were pointed out both verbally and in writing by a member of the defense counsel for President Park, arguing

in vainthat any statements, obtained by way of either coerced confession or coerced acknowledgement of a subordinate fact, should not be treated as admissible evidence in the proceedings.
[Art.15 CAT]

Now, the court has decided to combine Ms. Park's case with those other pending cases, in which the coerced statements in connection with Ms. Park's case were admitted into evidence in their proceedings. It is obvious that the court will deal with Ms. Park's case with prejudice or bias accordingly -- certainly an unfair trialoverall, coupled with four trial sessions a week that will allow the defense counsel virtuallyno time to prepare arguments for defense.
[Art.14.1 ICCPR] [Art.14.3(b) ICCPR] [Art.15 CAT]

Appendices

(1) Victims of Intimidation and/or Coercion
Hereunder is the list of a dozen of the accused, among some 30 others, who underwent late-night interrogation, intimidation and/or coercion by the Prosecutors, along with six pieces of evidence thereof:

Name(English/Korean)	Time & Date of Summon	Late-night Interrogation
Choi, Seo Won(최서원)	Oct. 31, 2016	15:20 -
Panic disorder	Nov. 1, 2016	- 1:35 (10:15 hrs)
Extreme exhaustion	Nov. 1, 2016	16:25 -
	Nov. 2, 2016	- 00:40 (8.15 hrs)

			Oxygen masked after interrogation and taken to hospital
Park, Chae Yoon(박채윤)			
An, Chong Bum(안종범)	14:00	Nov. 2, 2016	14:00 -
high blood pressure		Nov. 3, 2016	- 03:20 (13.20 hrs)
Diabetic, former cancer		Nov. 3, 2016	10:45 - 13:35 (2.50 hrs)
patient		Nov. 3, 2016	17:10 -
		Nov. 4, 2016	- 03:50 (10.40 hrs)
	10:30	Nov. 11, 2016	15:58 -
		Nov. 12, 2016	- 02:55 (10.57 hrs)
		Nov. 12, 2016	16:10 -
		Nov. 13, 2016	- 06:10 (14:00 hrs)
		Nov. 14, 2016	21:00 -
		Nov. 15, 2016	- 06:12 (9.12 hrs)
		Nov. 17, 2016	15:20 -
		Nov. 18, 2016	02:19 (10.59 hrs)
Jung, Ho Sung(정호성)		Nov. 4, 2016	0:37 - 02:15 (1.38 hrs)
	16:00	Nov. 8, 2016	20:30 -
		Nov. 9, 2016	- 01:50 (5.20 hrs)
Cha, Eun Taek(차은택)		Nov. 8, 2016	0:35 - 05:00 (4.25 hrs)
		Nov. 9, 2016	10:00 -
		Nov. 10, 2016	- 04:00 (18.00 hrs)
Park, Win O(박원오)	9:30	Nov. 5, 2016	15:00 -
Cancer patient		Nov. 6, 2016	- 0:30 (9.30 hrs)
		Nov. 21, 2016	17:00 -
		Nov. 22, 2016	- 2:00 (9.00 hrs)
Park, Sang Jin(박상진)	14:00	Nov. 12, 2016	20:30 -
		Nov. 13, 2016	- 9:00 (12.30 hrs)
Lee. Jae Yong(이재용)		Nov. 13, 2016	13:40 - 20:44 (7.04 hrs)
		Nov. 13, 2016	20:50 -

	Nov. 14, 2016	- 01:28 (4.38 hrs)
	Jan. 12, 2017	09:30 -
	Jan. 13, 2017	- 07:50 (22.20 hrs)
Shin, Dong Bin(신동빈)	Nov. 15, 2016	14:35 - 05:09 (14.34 hrs)
Ko, Young Tae(고영태)	Oct. 28, 2016	22:00 -
	Oct. 29, 2016	- 8:30 (10.30 hrs)
	Oct. 30, 2016	21:00 -
	Oct. 31, 2016	- 11:00 (14.00 hrs)
	Nov. 8, 2016	15:20 -
	Nov. 9, 2016	- 03:20 (12.00hrs)
Kim, Ki Choon(김기춘)	Outside treatment required, denied	
Heart disease patient	Aged 78, Fainted in cell	
Cho, Yoon Sun(조윤선)	Hospitalized treatment required, ignored	
	Obsessive-compulsive disorder	

THOUGHTS ON AN AMERICAN MILITARY ACTION ON NORTH KOREA

By Peter Pyung Woo Kim
August 9, 2017

Many South Koreans anticipate the U.S. will help to settle the nuclear/ missile threat from North Korea. At the same time, they also think that in the event the U.S. attacks North Korea, North Korea will definitely retaliate by attacking South Korea and that South Korea will have enormous human casualties and mass destruction. So they are in a dilemma about whether to oppose or support an American attack on North Korea. The method to settle this dilemma is to untangle issues that have been built through the decades. In this regard, it is necessary to analyze 11 scenarios.

First, that a U.S. attack on North Korea would not be designed to protect South Korea from the long time war- threat from North Korea. Neither would it be purported to liberate North Koreans from the dictatorship of Kim Jong Un. It would be primarily a military operation by the U.S. to protect U.S. security. Therefore, it would be an action that the U.S. would engage in whether South Korea agrees or disagrees.

Second, the objective of a U.S. military operation in North Korea would be to eliminate nuclear weapons and Kim Jong Un who has vowed attacks on U.S. territory with those weapons in order to secure peace and safety of

American people. It is imperative that we not interpret preventive operations as preemptive attacks to enter into a major war.

Third, today's U.S. sea, air and intelligence power is the world's best. Japan, which has the second/ third largest economy in the world and ranks fifth in military power in the world, will align with the U.S. The world's opinions, including those of England and other traditional U.S. allies, will overwhelmingly support the action destroying the nuclear and missile facilities of North Korea that has been built against the international sanctions. Russia or China will not intervene with military force even though they reluctantly support Kim Jong Un .

Fourth, if the U.S. attacks North Korea, North Korea may attempt to use their developed nuclear/missiles to make retaliatory strikes on the U.S. and Japan.

They, however, would not have a chance to use them, as there would be continuous air and sea blockades by the U.S. and Japan.

Since the first targets of America's preemptive operation would be North Korea's nuclear and missile facilities, most of their facilities would be destroyed. It should be that the U.S. and Japan will have minimum casualties while North Korea would lost their nuclear weapons with having substantial damages to their military forces.

Fifth, how long would it take for America's preventive operation? Since it is not a major war it would not take long. There is a high possibility that Kim Jong Un's regime will be overthrown and replaced when there is less chance for North Korean military forces to win as their missiles and nuclear facilities are being destroyed.

Sixth, if the U.S. attacks North Korea, then the North Korean army and pro-North elements in South may try to seize American military facilities and people through their guerilla attacks. Therefore, America will evacuate its military equipment and personnel to safety. This is commonsense strategy in all Preventive Operations.

Seventh, the outstanding issue of this type of operation is the attitude of South Korea, which is an ally of the U.S. The city of Seoul is within the range of 1 hour for a simple artillery attack. Of course, the U.S. will definitely destroy North Korean canons and missiles prior to the operation. However, it will be difficult to destroy the entirety of several thousand artilleries at the same time. South Korea could be significantly damaged if North Korea randomly attack South Korea, especially heavily populated Seoul city.

However, modern warfare is air war. North Korea's all-out war attack would be suicidal when the blockade of air and sea power takes place by U.S. Therefore all-out war is impossible. At the least they can cause turbulence through their guerilla warfare in South Korea. Currently the population of South Korea is twice as large as North Korea's and their national GDP is almost 50 times. South Korea's military equipment is superior. It cannot be like the unprovoked attack from the North on the South during Korean War starting June 25, 1950. The important fact in this stage is that South Korea will finally win as long as they resolve to fight against North Korea.

Eighth, South Korea's Moon government may declare neutrality and withdraw from its alliance relationship with the U.S., since Moon will be opposing to any kind of military action in Korean peninsula by the U.S., and his supporters will take streets with their candle lights demanding withdrawal of U.S. military forces . If they take this course disregarding the opinion of silent majority, South Korea will be in serious inner fighting.

Ninth, there is a high possibility that the U.S. may disengage from its alliance with South Korea before Moon government breaks its alliance with the U.S. to avoid the complicated political conflicts with Moon government. Currently both the Trump administration and the Moon government do not trust each other. America will in one form or another eventually not include South Korean air forces in their preventive operation after they withdraw personnel and military equipment from South Korea.

Tenth, North Korea will lose its reason to attack the South if the U.S. publicly withdraws military forces from South Korea. What if North Korea continuously tries to attack South Korea through guerilla warfare? Then citizens of South Korea could be divided between conservatives and liberals or pro-North Korea whether to fight or compromise.

Addendum. The secret of the victor historically is to join the winning side if there is no way that you could defeat it. Japan became one of the world's strongest country after Meiji Reforms by following this principle as a country of samurai. Japan with the U.S. will be victorious in this action and be back to the strongest military country in Asia again.

South Korea ought to join positively in this operation continuing its 70-year alliance with the U.S. This will be the once-in-a-hundred years opportunity to unite with North Korean citizens to build a unified government, when the Kim Jong Un regime is eliminated, even if there could be significant damages and casualties generated by North Korea's guerilla warfare against South Korea.

Even if Korea is not unified, at least South Korea will be liberated from the nuclear missile threat forever from the North Korea. The South Korea and U.S. alliance will be further strengthened and the security and prosperity of South Korea will be guaranteed for the next several decades.

This is my thinking on America's preventive operation on North Korea.

Pyungwoo Peter Kim, former president of Korean Bar Association and defender for President Park Geunhye at the impeachment case

Thoughts on South Korean President Moon, Jae-in's Opposition to A Preventive Attack on North Korea

By Lawyer Kim, Pyung-woo (Peter Kim), former judge, past President of the Korean Bar Association, and legal counsel to former South Korean President Park, Geun-hye in her impeachment trial.

On July 28, 2017, as U.S. aircraft carriers were stationed off the coast of the Korean peninsula, Kim, Jong-un, the grandson of Kim, Il-sung and successor to the North Korean dictatorship, successfully launched an ICBM with a range of over 10,000 kilometers. North Korea also has the capability to mount miniaturized nuclear warheads on those missiles. Like the U.S., Russia, China, India, and other nations, North Korea has become a nuclear power with ICBM technology. The main target of the North's nuclear-tipped ICBMs is not China, Russia, South Korea or Japan -- it is the U.S. Kim, Jong-un now has the ability to strike the heart of the U.S. -- Washington, D.C. and New York -- with these nuclear-capable ICBMs. The longtime dream of three dictators -- Kim, Il-sung, Kim, Jong-il, and Kim, Jong-un -- has finally been achieved.

For the first time in American history, the fate of the U.S. lies in the hands of a brutal, young dictator, Kim, Jong-un. It is therefore essential that the U.S. should at all costs eliminate the North's nuclear weapons and missiles in order to ensure the peace and safety of the American people. As the world's only superpower, it is natural that President Trump would announce his intention to eliminate the North's nuclear weapons and missiles even if that required military action. The president's primary duty is to ensure the safety of the American nation and its people.

North Korea has not hesitated to belligerently threaten nuclear strikes against the U.S. As expected, China and Russia, which have traditionally supported North Korea, oppose a preemptive attack by the U.S. It was deeply surprising, however, that Moon, Jae-in, who recently entered the Blue House as South Korea's new president, sided with North Korea, China, and Russia on this point.

In a speech on August 15, Korea's Liberation Day, Moon declared that he would not allow any war on the Korean peninsula, and that his country was capable of defending itself with its own forces. He clearly expressed his opposition to any attack on North Korea by the U.S. How could a President of Korea say such a thing? South Korea was saved from imminent collapse by the U.S. sending its armed forces to fight against North Korea during the Korean War of 1950 to 1953, and U.S. aid enabled South Korea to achieve rapid and remarkable economic growth and the advance of democracy. Furthermore, South Korea is most directly exposed to the North Korean threat. Given the facts that Moon was supported by pro-North Korean activists and "candlelight" activists who took to the streets demanding the impeachment of President Park, Geun-hye and her removal from the Blue House, the unreasonable nature of Moon's speech was a shock to ordinary South Koreans.

Moon, Jae-in and other opportunists take the position that South Korea will suffer very serious damage due to a North Korean attack provoked by the U.S. They assume that North Korea would immediately use its long range artillery and rockets to launch retaliatory attacks against the South Korean capital of Seoul, with its population of more than 10 million and its location less than 40 miles from the DMZ. Superficially, that may sound persuasive, but it is based on faulty reasoning.

First, the safety of the U.S. is essential to South Korea, since the U.S. is its most important ally. If South Korea disregards the safety of the U.S. to avoid potential damage, the U.S. would disregard the safety of South Korea. Who then would ensure the safety of nuclear-free South Korea from a North Korean attack?

Second, the U.S. and South Korea have the ability to retaliate tenfold. How could Kim, Jong-un survive such retaliation? More likely than not, Kim, Jong-un would not be able to retaliate.

Third, South Koreans can reduce any such damage by seriously planning and training for evacuations from Seoul. Opponents of a preemptive strike refuse to consider the use of such evacuations to reduce damage.

Fourth, the U.S. will most probably destroy the majority of the North's nukes, missiles, and artillery in its preemptive strikes. The North will not be able to launch an effective retaliatory attack. The opponents ignore this overall situation.

Fifth, the opportunists even suppose that the North will attack Seoul with nuclear weapons. This theory, however, gets things upside down. A preemptive U.S. attack would remove the threat of a North Korean nuclear strike. I doubt that Kim, Jong-un, enjoying a life of power and wealth, would be willing to sacrifice his own life in exchange for the lives of Seoul's residents. Kim, Jong-un would most likely flee to China with his wealth and live there in exile.

Sixth, In order to avoid North Korean retaliation, South Koreans could seek safety by severing their longtime alliance with the U.S. Then the North would have no good reason to retaliate against the South. If the North were to retaliate in spite of this, the South could then be reasonably expected to attack the North.

Seventh, potential damage to South Korea would not be sufficient cause for the U.S. and Japan to refrain from such an attack, since both nations would be subject to continued nuclear blackmail by the North.

Eighth, the potential damage to South Korea would not be sufficient justification for countries such as China, Russia, or others to oppose a preemptive attack by the U.S. and Japan.

No war can be waged without losses. In deciding upon a drastic move such as attacking the North, one must calculate the potential gains and losses, weigh the pros and cons, and base one's decision on the resulting balance sheet. However, it appears that Moon's opposition to a strike is based on groundless and exaggerated expectations of losses and appeals to popular opinion, without consideration of what we can gain and achieve. In this regard, what can we expect to achieve if President Trump launches a preemptive attack on the North?

First, by finally resolving the Korean War, which never technically ended, the U.S. will free itself from the burden of its defensive role on the Korean peninsula. Also, the entire region, including South Korea, Japan and China, will be freed from the nuclear threat of the North, and constant bluster and warlike rhetoric in the threats of the worlds most brutal anti-American dictator.

Second, putting an end to Kim's regime and its centrally-planned economic system will enable its replacement by a free market system. This will boost not only the South's economy, but also that of the U.S., Japan, and China.

Third, 20 million North Koreans will finally be liberated from a 70-year-long dictatorship. They will finally achieve personal and political freedom and benefit from a market economy.

Fourth, since the Korean peninsula will be denuclearized, the nuclear non-proliferation treaty will again be enforced, and a Pax Americana will result.

Consequently, Moon's opposition to an attack on the North, on the grounds that heavy casualties and massive property damage could potentially result from such a course of action, is nothing but an excuse of the sake of an excuse.

We must remember the fact that it is only Kim's nuclear weapons which enable his regime to remain in power. It is therefore unacceptable under any circumstances for Moon to oppose a U.S. attack plan based on his self-centered and immature personal ideology, tinged with the so-called "Juche" political thought of the North, without regard for the nation's interests.

We should not be deceived by Moon, Jae-in's ill-conceived ideology, by which he puts the interests of his own political faction above the interests of the nation as a whole. On the contrary, we must realize the denuclearization of the Korean peninsula by actively supporting and implementing a U.S. plan to strike the North's nuclear weapons facilities. I firmly believe that this is the only way to achieve the unification of Korea in freedom.

August 22, 2017

The World's fate depends on President Trump's decision to attack North Korea

By Peter Kim
August 21, 2017

1. After the demise of the Soviet Union in 1991, the dictator of North Korea, Kim Il-Sung (ruled 1949-1994), believed that a nuclear weapon was the only means that would protect his regime and achieve reunification of North Korea and South Korea in the peninsula. He then concentrated all of his efforts on producing nuclear weapons rather than trying to resolve the harsh economic problems for his people.

2. President Clinton weighed a military option to attack and destroy the nuclear facilities but decided not to, instead he chose to support the Sunshine Policy of Kim Dae Jung, the president of South Korea, which had been supported by Democratic Party members. The Sunshine Policy was a Korean version of Marshall Plan of the United States after World War II.

South Korea agreed to pay the costs of North Korea involved in the six-nation meeting, consisting of United States, Russia, China, Japan, North Korea and South Korea. Furthermore South Korea accepted the demands from North Korea and agreed to pay cash and to provide energy resources. As a result, Kim Jong Il, Kim Il Sung's son, was able to acquire an unexpected fortune, $1.7 bn, from South Korea.

Using the cash and energy resources, North Korea was able to save the country out of the financial crisis that was plaguing the country at the time and prevented the collapse of the regime which later succeeded in producing nuclear weapons. North Korea was the only party which benefited from the agreement while the United States gained nothing. There was one more party who benefited from the transaction, that was Kim Dae-Jung, who received a Nobel Peace Prize for success of his Sunshine Policy, which proved to be an ill- conceived idea.

In retrospect, it appears that North Korea and Kim Dae-Jung collaborated with each other and deceived the South Korean people, the United States and the world.

3. During the Bush administration, the United States experienced the 9-11 terrorist attacks which created a far more urgent national security problem than North Korea's attempt to develop a nuclear weapon. Thus, the U.S. committed all of its national intelligence and military resources in two wars against Afghanistan and Iraq while chasing Bin Laden and other Muslim terrorists. This allowed North Korea to work for 8 years on the development of a nuclear weapon and furthermore, the U.S. was working on the faulty judgment of intelligence information that North Korea would not last long even if it was left alone.

In the meantime, Roh Moo-Hyun, who succeeded Kim Dae-Jung as president, continued the Sunshine Policy. North Korea used the development of a nuclear weapon as a terror threat against the South and its allies and became a successful parasitic nation living on the aid from other countries, thus establishing itself as a startlingly successful terrorist/parasitic economic system.

4. When the Obama administration (2008-2016) began, it spent four years working on winding down the Middle Eastern conflicts of Iraq and

Afghanistan and the next four years dealing with Syrian and Ukrainian crises just to keep the status quo.

During his administration, Obama was aware that North Korea publicly tested nuclear weapons and was actively developing missile programs, but he took only lukewarm measures such as mild economic sanctions and other superficial actions against North Korea. He even committed an erroneous act of publicly condoning the North, claiming that the South Korea might sustain serious damages if North Korea was provoked and attacked the South, declaring "No action is the best policy." ('Strategic Patience") As a result, North Korea continued to develop the programs and eventually became a country possessing nuclear weapons and missiles.

5. After two decades of the Clinton, Bush and Obama administrations passing the buck from one to another, the issue of North Korea's nuclear weapons finally fell on President Trump. Immediately after his inauguration, he met with the People's Republic of China president, Xi Jin-Ping, and let him know that the elimination of nuclear arms in North Korea was the most urgent task of his administration. In April, he dispatched two aircraft carriers to the Korean peninsula and successfully demonstrated a show of force as an option in solving the problem.

6. Kim Jong-Un, who succeeded Kim Jong IL in his late twenties in 2012, however, despised the clear warning of Trump and succeeded in launching an ICBM with a range of 10,000 kilometers on July 28, 2017 while U.S. nuclear carriers were watching in the Korean sea. North Korea also completed building a nuclear warhead ready to be loaded on the missiles. Now, North Korea has become the 5th country possessing nuclear weapons and ICBM missiles following the United States, Russia, China, the United Kingdom,

Israel, France, Pakistan and India. North Korea is in possession of the nuclear weapons that are able to decimate New York and Washington D.C., which are the hearts of the United States. While the U.S. is within reach of countries with nuclear missiles, it has never been under threat of ICBM's in the possession of an irresponsible young brutal dictator like Kim, Jong Un.

7. If we lose the opportunity to eliminate North Korea's nukes at this time and allow North Korea to install the fully developed weapons in multiple locations and modes of delivery, the United States shall be forced to give up elimination of nuclear weapons of North Korea and to pursue a nuclear arms reduction agreement with North Korea as it did with China and the Soviet Union.

The negotiation would be tough and time consuming as it was with North Vietnam during the Vietnam War. North Korea will obviously demand large "carrots": withdrawal of the U.S. troops from South Korea and most likely an enormous amount of financial assistance, which may be a subject of negotiation, but North Korea will be adamant on the withdrawal of American military personnel and equipment.

(It is getting very clear that PRC has been providing both strategic supplies and behind-the-scenes support to allow the Kim dynasty to survive. This has been a primary part of their expansionism in northeast Asia and the Pacific Rim.)

If the United States decides to take such a route, it will probably be the second time any dictator reaps such an unexpected windfall without firing a shot as Hitler took over Czechoslovakia from Chamberlain in Munich.

8.At this point, Japan will realize that the nuclear umbrella of the United States has many holes and is no longer able to protect Japan. It will develop its own nuclear program, triggering a chain reaction by Taiwan, Vietnam, and even the Philippines and Indonesia. In addition, Iran and Syria will want to develop nuclear weapons to counter against the nuclear arms of Israel.

9.Consequently, the United States will give up their hegemony over the Pacific Ocean to the newly-emerged nuclear nations such as Japan, China, India, Vietnam, Taiwan, the Philippines, etc. and return to the status that it had before 1945 which was an isolated United States. At this point, "Pax Americana" will end and the world banking system, economic system, political system, and international security system which hitherto have thrived shall change and all fall into uncontrollable turmoil and confusion.

10. Someone says it's too late to stop North Korea's nuclear weapon and missile development. However, their weapons are not in mass production and there still is the opportunity to stop it by a pre-emptive attack to prevent further development while it is still in its infancy.

Let's Change History By Breaking the "Baekdu Bloodline" of North Korea

By Lawyer Kim, Pyung-woo (Peter Kim), former judge, past President of the Korean Bar Association, and legal counsel to former South Korean President Park, Geun-hye in her impeachment trial.

If we were to simultaneously eliminate North Korea's nuclear weapons and its dictator Kim, Jong-un, that would leave the North without a "blood heir" and successor to Kim to continue the hereditary rule of the North's dictatorship -- known as the "Baekdu bloodline -- and the Kim dynasty would finally come to a well-deserved end. Stripped of the "legitimacy" of its much-vaunted Baekdu bloodline, the North Korean regime would collapse like a house of cards. That would enable the long-suffering citizens of the North, who have barely managed to survive material deprivations and a total lack of any civil liberties and property rights, to rise up and overthrow the North Korean Workers' Party dictatorship and its distribution system, and to strive to create a democratic government under a free market system. In the process of such a revolt, there will surely be executions of those Party cadres who have been taking advantage of all the privileges accorded them based on their elite status for the past several decades. Millions of refugees can be expected to flee into China and across the DMZ border with South Korea, and thousands may also try to leave by boat. However, under the auspices of the United Nations, the international community would provide aid to the North in the form of food, medicine, energy, and other basic necessities, as well as dispatch peacekeeping forces in to maintain order. Owing to the exuberance and vivacity of the Korean spirit, the North will achieve stability within a few years, and will flourish in terms of economic development and political democracy just as South Korea has done since the Korean War armistice of the mid-20th century.

And what of South Korea?

Pro-North Korean "Jusapa" activists who consistently threatened the rule of law and security within South Korea will end up as "stray dogs" without any sanctuary and will probably go into hiding the remote corners of the South or flee to China. Without the presence of their "Supreme Leader" Kim, Jong-un, in the absence of North Korea's threats to wage war in spite of the starvation of its own people and its development of missiles and nuclear and chemical weapons aimed at the South and the USA, the pro-North elements in the South will disappear. The elimination of Kim, Jong-un will also bring about an end to the manipulative distortions of history which absurdly portrayed Kim, Il-sung, Kim, Jong-il, and Kim, Jong-un into supposed "nationalists," while falsely smearing Rhee, Syngman and Park, Chung-hee as pro-Japanese and pro-American "stooges". Only then will the people of South Korea be freed from the spiritual shackles of the "Hell Chosun" complex and begin to recognize that the past 70 years of their history have not been a "shameful pro-Japanese and pro-American era," but rather a dignified history of embracing the pattern of advanced civilizations. They will come to understand that by befriending Japan and America, South Korea was able to become one of the world's top 20 advanced economies and democracies through persistence and hard work over a relatively short period of time. Koreans will then voluntarily wear badges with the likenesses of Rhee, Syngman and Park, Chung-hee rather than those of Kim, Il-sung, and will hold their heads high among the peoples of the world. The rule of law, truth and justice will then return to South Korea:

Media will not fabricate reports, and prosecutors and judges will not arrest and convict an innocent president and business leader and imprison them to serve their own personal and political interests.

Furthermore, with respect to each other's systems, North and South Korea will begin discussions to establish a federal government, allow the free flow of people between North and South, and engage in all manner of trade through commercial crossings.

The unification of Korea is not something to be rushed or arbitrarily imposed by force: it can be achieved only on a natural basis when the people of the North and South truly feel the need and love for each other, just as in a marriage between two individuals. It is not the political division per se between the North and South which is the main problem and sources of so much trouble, but rather the North's collective madness. It is this madness which seeks to justify the ongoing hereditary dictatorship and tyranny in the North, the North's plan to achieve coerced unification by means of nuclear weapons, and the fanatical and fake leftist nationalism in the South which supports the North's madness. The root of this collective insanity in the North and in the South is found in the myth of Kim, Il-sung's Baekdu bloodline. In order to put an final end to this Baekdu bloodline, Kim, Jong-un must be eliminated. Only this will free Koreans from their collective madness. Sincere and genuine communication between the divided lands of Korea will then begin to flourish. The end of Kim, Jong-un will mean the end of fanatical left-wing nationalism and of the collective madness which has plagued the minds of millions in both Koreas. At the same time, it means a bright new beginning for the history of Korea. The end of the Baekdu bloodline will bring about the long-awaited freedom, peace and unity of Korean civilization. Kim, Jong-un should be removed by the Korean people themselves before the USA is forced to step in and eliminate him. Then Koreans will be respected by the world as an independent and courageous people. The removal of Kim, Jong-un will rightly be seen as an act of the highest patriotism for the Korean people.

OPEN LETTER AND PETITION TO PRESIDENT TRUMP

1. I have listened repeatedly to your historic speech at the United Nations General Assembly on September 19, 2017. I was so impressed with your vibrant "lion's roar" advocating free market economy and the value of human rights and the rule of law for all the citizens of the world without exception. I was so thrilled with your brave and bold condemnation of dictators around the world, including Kim Jung Un.

Finally, I appreciate that you take a firm, principled stand against the abuses of some biased, left-wing media, and I thank God and humbly bow my head in reverence at the wisdom of those US citizens who have elected a very conservative Republican as President of the US at this most crucial time of international crisis. The US and the world have not been the same since your election, and you have certainly made significant impacts already through your successful policies and decisions.

However, I wish to express my personal concern that fanatic nationalists and pro-North Korean and anti-American Koreans will stage various different events to disrupt your visit to Korea to affirm the historic US and South Korean defense alliance, and that leftist and pro-North demonstrators will falsely portray their protests to the world's media as popular demand for the withdrawal of US military forces from South Korea. Your visit to South Korea may be highly dangerous and counterproductive and your personal security might be at risk. I personally know too well that fanatic nationalists both in South Korea and North Korea are motivated by anger and extreme animosity toward the US.

As you well know, Kim, Jong-un regime has violated numerous agreements over past decades not to develop nuclear weapons after having received an enormous amount of economic aid from the US and South Korea. It is practically impossible to negotiate with North Korea or reach any agreements with such an evil government.

Kim, Jong-un is dead set on the development of nuclear weapons for his survival. He is a lawless criminal of the 3rd generation dictatorial Kim dynasty. He is a cold-blooded Stalinist who assassinated his own uncle andhalf-bother, who might have posed threats to his position as the heir of the Kim dynasty. He is mentally unstable and recently threatened the US with attack using his hydrogen bombs mounted on ICBMs. For the past 65 years they have proved that they are definitely not a normal and healthy political entity.

North Korea will desperately seek to continue its threatening approach as you reinforce your policy of "total denuclearization of Korea." The US government and you yourself ought not to treat their evil intentions lightly as if it were a normal or healthy government.

Personally, with respect, I would like to discourage your visit to South Korea at this time, because you cannot rely on South Korean security measures. However, I want to express my respect and support for you and your administration as you plan to visit in spite of all the dangers of the situation during your overnight stay in South Korea. I would ardently appeal to you to take all available precautions for your personal security and protection during that time.

2. For your information, let me brief you on the current situation of Moon, Jae-in's new government?

Moon was elected as president under the auspices of "candlelight" protests, leftist street demonstrators he credited for his success during his summit conference in Berlin and at the UN.

He in fact was the main ringleader in impeaching the democratically elected pro-American President Park without a fair trial on the merits.

He began to abuse human rights to take revenge on his opponents upon his taking power. He arrested the vice-chairman of the Samsung conglomerate. Most of his executive staff members are radical anti-American, pro-North Korea activists.

Today South Korea is no longer same as it used to be. It is experiencing radical change and becoming a strange and different country after the "candlelight" demonstrations and the illegal imprisonment of the democratically elected pro-American president Park Geun Hye.

Prior to the "candlelight" demonstrations by pro-North Korean elements and the impeachment and illegal imprisonment of President Park, Since its establishment, South Korea has been the most loyal, militarily and economically aligned nation with the US in the world. Korea has been highly respected and honored as an advanced, free, democratic country among Asian nations. However, the size and impact of the "candlelight" demonstrations on the rule of law, transformed it into a nation of uncertainty and deterioration.

(Burning the "stars and stripes" and displaying your face as a warmonger and painting graffiti cursing America is seen everywhere. They are stirring up assassination plots patterned after those of Ahn, Joong-keun and Yoon Bong-gil, who assassinated Japanese colonial leaders during the Japan's occupation of Korea. "Yankee go home with your weapons" stickers are plastered on the vehicles of US citizens and military personnel everywhere. They even attempted to send their team of demonstrators to the White House to campaign for your impeachment. These anti-American demonstrators often surround the compound of the US Embassy in Korea in an attempt to harass or harm Americans. You can easily verify this detailed information on the internet. Please make sure that you look at it prior to your visit to South Korea.)

The serious issue is that the majority party in the National Assembly, all major media, and Moon's executive personal staff in the Blue House are behind figures or supporters of fanatically dedicated anti-US, anti-Japan activists.

The current South Korean government system is gradually taking on the patterns of various North Korean systems. Basically, South Korean government leaders publicly describe themselves as a revolution-created government formed after the "candlelight" demonstrations and their political objectives and commitments are to eliminate the leadership of the old democratic system and to take political revenge on the previous conservative government. The operational methods of the Moon government are not based on a democratic approach. Moon violated UN resolutions by covertly supplying electricity to the Kaesong industrial complex in North Korea just after President Park Geun Hye was impeached.

Moon has arrested a senior conservative attorney who declared that Moon is a communist, and the National Assembly has summoned him for an inquisition. (Please see the YouTube video). Moreover, the government controls South Korean media, which gives unfettered expression to pro-Moon advocates but represses ordinary citizens' freedom of expression. All the media are under the control of Moon's anti-American socialist media labor unions. The media has turned into pro-government advocates and shuts out anti-government voices. Prosecutors and jurists are under the indirect control of the biased left-wing media.

The major media, the educational system, culture, politics, and economics are all dominated by this leftist, anti-US, pro-North Korea government. The rule of law and human rights are under siege by the present government and South Korea is gradually becoming dehumanized and average citizens are openly becoming servants of the government

3. A clear example can be seen in the case of the impeachment and criminal trials against President Park Geun-hye and other victims of the Chotbul(Candlelight) Revolution.
President Park Geun?hye was elected president for a single 5 year term in the presidential election held in December, 2012 when she garnered 51.6% of the vote while Moon Jae-in got 48%.
In October 2016, JTBC-tv reported to the public a fabricated tablet PC allegedly belonging to Ms Choi, Suh-won as evidence purportedly proving that President Park collaborated in corruption and bribery crimes with her confidante Ms Choi. (But later it was revealed that the tv anchor had already been aware that the tablet was fabricated by an unknown person.)
Most other media followed and expanded on JTBC-tv's false reports and instigated the masses to protest against President Park. Being driven to anger by the false reports, tens of thousands of candleligters took to the streets and roared their demand that she step down immediately from the presidency. They succeeded in driving down the poll numbers of Park to one digit numbers in less than a month as the candlelighter's number grew day by day. Watching these low polling numbers, National Assembly members passed an impeachment bill on December 9, 2016 within several hours without any investigation as to the truth of the 13 separate counts of impeachment and without debate on the issues. They did not even vote on each count. They just cast votes of "yes" or "no" on the resolution as if they were voting for a no-confidence motion, which is not allowed by the Constitution, rather than an

impeachment process under the Constitution.

Three month later, 8 judges of the Constitutional Court, clearly lacking the 9 judge quorum requirement under the law, unanimously rendered a guilty verdict against President Park after they rejected any request from her for the presentation of witnesses on the grounds that such requests would upset the decision deadline they determined by themselves of March 10, 2017. No appeal of the guilty verdict was allowed.

Several days later, President Park was arrested and detained in the detention center on the grounds that her accomplice was arrested based on the self-described "equal arrest " theory, which resembles North Korean criminal law. President Park was removed from office and detained by the Kangaroo court 1 year prior to the end of her original 5 year term.

Then, the criminal court brought the over 65 years old former president Park before the trial court sessions 4 times a week for 10 hours a session. She has been called to 80 sessions over 6 months. They inflicted severe hardship on her and she was tormented by the incessant court trials. Furthermore, the judge extended her detention period for another 6 months in violation of the maximum 6 months detention rule in the criminal procedure law. After this patently illegal act, President Park could no longer patiently suffer and declared she would no longer attend the court's sessions. Her defense lawyers also announced their resignations due to overwork from 4 days of court trials a week. President Park's refusal to be present at the court trials was a declaration of her resistance against the court's "trial torture" invented by the Korean judges who are well known for their cleverness.

Many Korean journalists, however, have not focused their reporting on this dramatic resistance, but repeated only their criticism of the corruption and bribery allegedly committed by her and her confidante Ms. Choi, and they continued to portray people's Chotbul revolution as a natural reaction in protest against such supposed corruption. They also emphasized that the judges should treat President Park like any other prisoner under the law rather than afford any respect or special privileges to her as former president of Korea. That implied the judiciary should treat her like a convicted criminal rather than a suspect. They deceived most Korean people as well as all the world into believing that President Park was being treated fairly under the law. No one noted that she was treated very harshly as if she had already been convicted by the Korean judiciary throughout her arrest and trial process. No one was aware that she was essentially being tortured by the court judges as she was forced to attend trials for long hours almost every day for the last 6 months.

4. Nevertheless, the news media in South Korea have refused to report on the unjustified, serious human rights abuses inflicted on President Park Geun-hye, which are highly likely motivated as a form of political retaliation against her and committed by Moon's political faction. Instead, the media have concentrated only on the absolutely groundless corruption and bribery charges against President Park Geun-hye and reported extensively on this topic. Moreover, the media claimed that people rose up against Park's corruption and incompetence, and this led to the so-called "Chotbul" (candlelight) revolution which triggered Park's eventual tragic demise. They also claimed that Park's trial proceeded in a fair and just manner, according to the procedures specified in thelaw. All these claims by the media are totally false. Their reports are rife with deceptions and malice against President Park. They have deceived the Korean people and the world for so long. However, to paraphrase Lincoln, one can conceal the truth for some time but not forever. As the deceptions and falsehoods contained in the reports from Korean news media reached an intolerable level, the truth finally burst forth. On October

13th, 2017 CNN of the United States broadcast for the first time a report on the human rights abuses against President Park during her imprisonment. They exposed the torturous trial Park has suffered from for last six months by enduring ten hour long court hearings, four times every week, for six months. The "MH Group", a human rights advocacy group for political figures in third world countries, investigated Park's trial and detention situations and provided to CNN the information they collected over a year regarding Park's case. In fact, in South Korea, the "Chotbul" revolution about which Moon Jae-in boasted to the leaders of world in his address at the UN, is not the only mass movement in the country. There has also arisen the "Taegeukgi" (Korean national flag) movement which has grown to more than ten times the size of "Chotbul" in terms of number of participants. Whereas in "Chotbul" demonstrations they enticed participants by employing popular actors and singers and transformed them into concerts, and in some cases they paid money to attract participants, the "Taegeukgi" movement started with a few volunteers who held the Taegeukgi in one hand and the Stars and Stripes in the other. However, as time passed, it grew into a huge mass of people, outnumbering "Chotbul" in terms of size by almost ten times. The "Chotbul" demonstrations lasted for only a four month period, from November 2016 to March, 2016, and the Korean news media reported extensively on it. On the other hand, in the "Taegeukgi" movement, people cried out for justice, truth and the rule of law, and Park's immediate release. The "Taegeukgi" movement spread widely all over the country, including Seoul, and continues even today, with demonstrations held every?Saturday. The Korean news media, however, very rarely reported anything about the "Taegeukgi" movement once it grew much larger than "Chotbul", outnumbering it. On March, 1st, 2017, at the rally which I attended, the largest gathering of people in the city of Seoul in the history of Korean peninsula took place. The number of participants was estimated in the hundreds of thousands, and they demanded respect for human rights and re-establishment of the rule of law in Korea. Even now, every Saturday, largely ignored by major Korean news media, tens of thousands of Korean people join routinely in Taegukgi rallies, as if they were attending worship services in their churches every?Sunday, and are crying out for the release of President Park. These Taegeukgi rallies are continuing not only in Korea, but also everywhere in the world where Korean people reside. At these Taegeukgirallies, there are neither concerts, nor distribution of lunch boxes as was the case at Chotbul demonstrations. Only cries and tears calling for truth and justice resonate with the national anthem. The Taegeukgi and the Stars and Stripes swirl vigorously together. This is a genuine democratic revolution and a pure civic patriotic movement. We will call it the Taegeukgi revolution.

5. Honorable President Trump, you know very well how biased and wrong CNN and other US media outlets were during your electoral campaign. The South Korean media outlets are a hundred times worse in reporting fake news. I respectfully request that you meet with former President Park Geun-Hye, or her family, or her attorney, during your upcoming visit to South Korea, and see for yourself the human rights abuse and revenge politics that President Park is suffering. If you cannot meet her yourself, please have your attorney or your staff do so. In this way, the American people and you will come to understand that Moon Jae-In and his followers (many with criminal records) have incited the public with lies and illegal means to come into power under the name of "candlelight revolution." You will come to understand that they have put in jail the most honest and righteous president in the history of South Korea, followed by a "torture trial," which they conspired to cause her ultimate demise.

The so-called "candlelight revolutionaries," Moon Jae-In and his followers, are trying to destroy President Park and Samsung Vice Chair Lee Jae-Young as well as other innocent citizens by way of this "torture trial."

I plead with you to confirm the truth of these injustices occurring in South Korea during your upcoming visit and help President Park receive a fair trial based on truth and justice for all the world to see.

On behalf of the millions of South Korean patriots who love the national flags of South Korea and America, I herewith file this petition with you, the President of the United States, the guardian of global human rights and due process.

Pyung-woo Kim, Attorney at Law Los Angeles, CA (peterkim450@gmail.com) October 30, 2017

I am an attorney living in Los Angeles, CA, practicing law in the United States and South Korea as a South Korean citizen. I have served as a court judge in South Korea and as the President of the Korean Bar Association from 2009 to 2011. As one of the lawyers representing President Park Geun-Hye during her impeachment trial, I am well aware of the false accusations concerning her impeachment and criminal cases. I am a firm believer in her innocence, and have written two books on the subject.

"Without freedom for Park, Geun-hye, No Olympic in Korea!"
"No freedom for Park Geun-hye, No Olympic in Korea!"

Just one year ago, on December 9, 2016, the Korean National Assembly passed a bill of impeachment against President Parkwithout any proper investigation, relying only on fake media reports about alleged crimes of bribery and murder.? Three months later Park was ousted from the presidency by a kangaroo court, and subjected to a criminal trial, causing her to lose everything,including her freedom, honor, and self-esteem.? Since that time, she has been suffering physically and emotionally in a lonely, coldprison cell, waiting for justice.? President Park has committed neither bribery nor murder.? It is extremely unfair to groundlessly accuse her of such heinous crimes.

We all know that North Korea is fully prepared to fire missiles or rockets anytime against the Republic of Korea, including at the Peyong Chang Olympics site, which is only 60 miles away.?There is really a higher risk of war on the Korean peninsula now thanat any other time.?

The Korean peninsula enjoys neither freedom nor security.?
On the contrary, the risk of imminent war and political repression hang like dark clouds over the peninsula.? There is no guarantee of the peace, harmony, or security whichare essential for the successful staging of the Olympic games. It is nonsensical to hold the Olympic games in a country where freedom and security can not be guaranteed!

Let's initiate a campaign to free President Park and postpone the Olympic games in Korea until she regains her freedom!

Let this be our fervent cry:?
"Without freedom for Park, Geun-hye, no Olympics in Korea!"
"No freedom for Park Geun-hye, No Olympic in Korea!"

December 8, 2017
Peter Kim Pyung Woo, defense lawyer for Park Geun-hye at Impeachment court

탄핵정변 주요 구속자 명단

이름 전직	죄명 구속일자	판결
1. 최순실 무직	직권남용 등 2016. 11. 3.	1심 입학비리 징역3년(2심同一) 1심 기타범죄 징역20년, 추징금72억(2018. 2. 13.)
2. 안종범 청와대 정책조정실장	직권남용 등 2016. 11. 6.	1심 징역6년, 벌금1억(2018. 2. 13.)
3. 정호성 청와대 부속비서관	공무상비밀누설 등 2016. 11. 6.	1심 징역1년6개월(2017. 11. 15.)
4. 송성각 콘텐츠진흥원장	뇌물 등 2016. 11. 10.	1심 징역4년, 벌금5000만원(2017. 11. 22.)
5. 차은택 창조경제추진단장	직권남용 등 2016. 11. 11.	1심 징역3년(2017. 11. 22.)
6. 장시호 한국동계스포츠 영재센터 사무총장	직권남용 등 2016. 11. 21.	1심 징역2년6개월(2017. 12. 6.)
7. 김종 문화체육관광부 2차관	직권남용 등 2016. 11. 21.	1심 징역3년(2017. 12. 6.)

▲ 7명 탄핵정변 구속수사 제1기

8. 문형표	직권남용 등	1심 징역2년6개월(2017. 6. 8.)
국민연금공단 이사장	2016. 12. 31.	2심 同一(2017. 11. 14.)
9. 류철균(이인화)	업무방해 등	1심 징역1년, 집행유예2년 (2017. 6. 23.)
이화여대 교수	2017. 1. 3.	2심 同一(2017. 11. 14.)
10. 남궁곤	업무방해 등	1심 징역1년6개월(2017. 6. 23.)
이화여대 입학처장	2017. 1. 10.	2심 同一(2017. 11. 14.)
11. 김종덕	직권남용 등	1심 징역2년(2017. 7. 27.)
문화체육관광부 장관	2017. 1. 12.	2심 同一(2018. 1. 23.)
12. 정관주	직권남용	1심 징역1년6개월(2017. 7. 27.)
문화체육관광부 1차관	2017. 1. 12.	2심 同一(2018. 1. 23.)
13. 신동철	직권남용 등	1심 징역1년6개월(2017. 7. 27.)
청와대 정무비서관	2017. 1. 12.	2심 同一(2018. 1. 23.)
14. 김경숙	업무방해 등	1심 징역2년(2017. 6. 23.)
이화여대 학장	2017. 1. 18.	2심 同一(2017. 11. 14.)
15. 김기춘	직권남용 등	1심 징역3년(2017. 7. 27.)
청와대 비서실장	2017. 1. 21.	2심 징역4년(2018. 1. 23.)
16. 조윤선	직권남용 등	1심 징역1년, 집행유예 2년(2017. 7. 27.)
문화체육관광부 장관	2017. 1. 21.	2심 징역2년(2018. 1. 23.)
17. 이인성	업무방해	1심 징역1년, 집행유예 2년(2017. 6. 23.)
이화여대 교수	2017. 1. 21	2심 同一
18. 박채윤	뇌물공여 등	1심 징역1년(2017. 5. 18.)
메디칼 대표	2017. 2. 4.	2심 同一
19. 최경희	업무방해 등	1심 징역2년(2017. 6. 23.)
이화여대 총장	2017. 2. 15.	2심 同一
20. 이재용	뇌물공여 등	1심 징역5년(2017. 8. 25.)
삼성전자 부회장	2017. 2. 17.	2심 징역2년6개월, 집행유예4년(2018. 2. 5.)

▲ 13명 탄핵정변 구속수사 제2기

21. 박성현	특수공무방해치상	징역2년, 집행유예3년
뉴데일리 주필	2017. 3. 15.	
22. 박근혜	뇌물수수 등	재판중
대통령	2017. 3. 31.	

▲ 2명 탄핵정변 구속수사 제3기

23. 정기양	국회증언법위반	1심 징역1년(2017. 5. 18.)
박 대통령 자문의	2017. 5. 18.	2심 징역6개월, 집행유예1년(2017. 7. 13.)
24. 정광용	집시법위반 등	1심 징역2년(2017. 12. 1.)
새누리당 사무총장	2017. 5. 24.	
25. 손상대	집시법위반 등	1심 징역2년(2017. 12. 1.)
뉴스타운 대표	2017. 5. 24.	
26. 홍완선	특가법배임	1심 징역2년6개월(2017. 6. 8.)
국민연금공단 이사	2017. 6. 8.	2심 同一(2017. 11. 14.)
27. 이영선	위증, 의료법위반	1심 징역1년(2017. 6. 28.)
청와대 행정관	2017. 6. 28.	2심 징역1년, 집행유예2년(2017. 11. 30.)
28. 김상률	직권남용	1심 징역1년6개월(2017. 7. 27.)
청와대 교문수석	2017. 7. 27.	2심 同一(2018. 1. 23.)
29. 장충기	뇌물공여 등	1심 징역4년(2017. 8. 25.)
삼성 미래전략실차장	2017. 8. 25.	2심 징역2년, 집행유예3년(2018. 2. 5.)
30. 최지성	뇌물공여 등	1심 징역4년(2017. 8. 25.)
삼성 미래전략실장	2017. 8. 25.	2심 징역2년, 집행유예3년(2018. 2. 5.)
31. 박찬주	뇌물수수	보석(2018. 1. 30.)
육군 대장	2017. 10. 10.	
32. 안봉근		
청와대 홍보비서관	2017. 11. 3.	
33. 이재만		
청와대 총무비서관	2017. 11. 3.	

34. 김관진	직권남용	석방(2017. 11. 22.)
前 국방장관/안보수석	2017. 11. 11.	
35. 남재준	특가법뇌물죄, 국고손실죄	
前 국정원장	2017. 11. 17.	
36. 이병기	특가법뇌물죄, 국고손실죄	
前 국정원장	2017. 11. 17.	
37. 우병우	직권남용	1심 징역2년6개월(2018. 2. 22.)
前 청와대 민정수석	2017. 12. 15.	
38. 신동빈	뇌물죄	1심 징역2년6개월(2018. 2. 13.)
롯데그룹 회장	2018. 2. 13.	법정구속

▲ 16명 탄핵정변 구속수사 제4기

탄핵政變 · 구속政變

지은이 | 金平祐
펴낸이 | 趙甲濟
펴낸곳 | 조갑제닷컴
초판 1쇄 | 2018년 3월1일
초판 2쇄 | 2018년 3월10일

주소 | 서울 종로구 새문안로3길 36, 1423호
전화 | 02-722-9411~3
팩스 | 02-722-9414
이메일 | webmaster@chogabje.com
홈페이지 | chogabje.com

등록번호 | 2005년 12월2일(제300-2005-202호)
ISBN 979-11-85701-57-8-03300

값 13,000원

*파손된 책은 교환해 드립니다.